Das Buch

Eine Frau sucht ihre Katze in der Vorstadtnachbarschaft. Zwei Freundinnen tragen einen Tisch durch den Garten. Ein Mutter schiebt ihr schreiendes Kind durch den Wald. Ein Mann ärgert sich über den nicht aufheulenden Motor seines Miet-Automatikautos und darüber, dass er bei einer jungen Frau nicht gelandet ist, obwohl er ihre Titten kneten durfte. Ja und? Was ist jetzt?
Im Zentrum der genau gearbeiteten Erzählungen von Sarah Raich stehen Frauen, manchmal als Objekt, meist als emotional ausmanövrierte, ratlose Protagonistinnen, die alles wollen, nur nicht mehr weiter so wie bisher. Es sind psychologische Kammerspiele mit starken Bildern, deren Figuren und Szenen lange im Kopf nachhallen.

Die Autorin

Sarah Raich, 1979 geboren, ist im ländlichen Niedersachsen und in Tirol mit viel Leere und Natur aufgewachsen. Sie studierte in Berlin Allgemeine und Vergleichende Literaturwissenschaften und arbeitete als Kreative in Agenturen. Im Herbst 2021 erscheint bei Piper *All that's left*, ein Jugendroman. *Dieses makellose Blau* ist ihr Prosadebüt.

Sarah Raich

Dieses makellose Blau

Geschichten

Für Malte. *You and me, it's real.*

Inhalt

Gin Tonic

Das Licht färbte den Raum in ein tiefes Orange. Bis in die Schatten drang das Licht, als seien sie alle übergossen von zu hellem Blut. Die Musik sagte ihr nichts, aber sie mochte das Dröhnen des Beats.

Er lehnte neben ihr an der Theke. Sie wusste, was jetzt kommen würde.

„Das Bier hier ist total mies, oder?" Er zeigte auf das Glas in ihrer Hand. Sie nahm einen weiteren Schluck und zuckte mit den Schultern. In seiner Hand hielt er ein schimmerndes Glas mit klarer Flüssigkeit, Gin Tonic vermutlich.

Er beugte sich über den Tresen und sagte etwas zum Barkeeper. Sie musterte ihn aus dem Augenwinkel. Er hatte ein fast zartes Gesicht, blonde, aber dichte Wimpern. Sommersprossen. Nur der Knochen seiner Nase war in der Mitte etwas breiter und brach die Feinheit der Züge auf. Das gefiel ihr.

Er drehte sich zu ihr und lächelte. Seine Schneidezähne waren etwas schief, als hätte jemand sie mit dem Finger in der Mitte nach innen gedrückt.

„Hier, probier das mal", sagte er und drückte ihr auch eines der hellschimmernden Gläser mit Strohhalm in die Hand. Sie stellte den Drink auf den Tresen. „Danke", sagte sie.

„Hab' dich noch nie hier gesehen."

„Nein“, antwortete sie und nahm noch einen Schluck von ihrem Bier.

„Schade“, sagte er. „Aber jetzt bist du ja hier.“ Er zwinkerte leicht und sein Blick glitt ab, die Augen verengt.

Sie atmete ein. „Junge, jetzt lass das mal“, sagte sie.

Als sie rausging, eine rauchen, folgte er ihr. Der Wind aus der Lüftungsanlage strich an ihrem Gesicht vorbei, warm und etwas feucht.

Sie lehnte an der Mauer, einen Fuß an die Wand gestellt, so dass ihr Oberschenkel gespannt war. Das Gefühl eines Startblocks. Jeden Moment könnte sie sich abstoßen und in die Nacht schießen.

Sie zog an ihrer Zigarette, der Rauch kratzte ihren Hals hinab und hinterließ im Kopf diese Leichtigkeit, die sie so mochte.

Er stand vor ihr, die Hände in den Taschen.

„Na?“, sagte sie und reichte ihm die Schachtel mit den Zigaretten.

Er schüttelte den Kopf.

„Dann komm“, sagte sie und gemeinsam gingen sie durch das Gittertörchen in die Altstadtgassen. Nur ein roter Schimmer, der auf die Straße fiel, erinnerte an die Bar dahinter.

Vor dem Hotel kramte sie nach ihrer Schlüsselkarte.

„Machst du hier Urlaub, oder was?“, sagte er und lachte.

„So ähnlich“, antwortete sie, und sie gingen durch die beleuchteten Flure. Im Zimmer ließ sie das Licht aus. Die

Straßenlaterne warf lange Schatten, alles hatte seine Farbe verloren in ihrem Schein.

Sie merkte gleich beim ersten Kuss, dass es nichts helfen würde, und der Schmerz, gerade noch zusammengerollt zu einer kleinen schwarze Kugel in ihrer Brust, breitete sich zwischen ihren Rippen aus wie eine Explosion. Sie schob ihn für einen Moment von sich, um Luft zu holen. Er betrachtete sie, wartend, und als sie nichts sagte, küsste er sie von neuem.

Er war umsichtig und fasste sie vorsichtig an, so als wüsste er nicht ganz, was er nun mit ihr anfangen sollte, jetzt wo er am Ziel war. Sie versuchte, das Gefühl zu genießen, wenn er sie berührte, bemühte sich, doch noch etwas für sich rauszuholen aus diesem Moment, aber dann gab sie auf und ließ ihn einfach machen.

Er schien es nicht zu merken und sie entschied sich, den Dingen ihren Lauf zu lassen. Sie hätte sich erklären müssen, vielleicht würde er quengeln und wahrscheinlich würde er nicht gleich gehen. Würde verstehen wollen. Nein, es war besser, es einfach laufen zu lassen. Sicherlich würde er in ein paar Minuten einschlafen.

Sie schob ihn an den Rand des Bettes. Er war schwer, aber schließlich gewann sie ein paar Zentimeter. Für ein paar Augenblicke ruhte ihr Blick auf seinem nackten Körper, unbewegt und schutzlos lag er vor ihr, die Haut weiß wie Schnee, dann deckte sie ihn zu. Sie nahm sich die Ersatzdecke aus dem Schrank mit dem glatten Furnierholz und legte sich auf die andere Seite des Bettes.

Sie träumte von ihm. Wie so oft. Sie ging durch eine Wohnung, die ihr unbekannt war, aber sie wusste gleich, dass es seine war. Sie war ihr so vertraut. Schummrig beleuchtete Räume schlangen sich umeinander, vollkommen leer bis auf die getrockneten Blumen, die von allen Decken hingen und ein mattes Licht verströmten. Schließlich fand sie sich in einem Bad wieder, in dessen Ecke ein Bett stand, umgeben von wächsernen Calla-Pflanzen. An der Decke schwebten nun Kerzen. Sie versuchte zu erkennen, wie sie befestigt waren, aber sie konnte keine Fäden erkennen. Sie schienen vollkommen frei im Raum zu schweben.

„Jana?", hörte sie seine Stimme. „Bist du hier?"

Sie tastete sich durch einen verwinkelten Gang, und plötzlich standen sie voreinander in einem viel zu engen Flur, dessen Decke der Himmel war. Ein Wind kam auf, und sie spürte, dass sie einen breitkrempigen Hut aufhatte. Sie hielt ihn fest, damit er ihr nicht davonwehte. Nur die Sterne schienen über ihnen, aber sie hätte auch in absoluter Schwärze erkannt, dass er es war.

Er lächelte sie an.

„Woher hast du gewusst, dass ich hier bin?", fragte sie und spürte, dass sie sich nicht darüber freuen konnte.

„Es hat so weh getan", antwortete er. Sein Lächeln schmolz zu einer Grimasse. Er streckte ihr seinen Arm hin.

Sie nahm ihn sachte in die Hände und blickte auf das feine Geflecht aus Blutgefäßen und Sehnen. Das, was sie für den Hemdärmel gehalten hatte, war seine Haut, die am Ellenbogen hing und sanft in der Brise flatterte. Und als sie ihm sagen wollte, dass sie einen Verband suchen würde, war er nicht mehr da, nur noch sein Arm lag in ihren Händen. Und auch die Wohnung war verschwunden, sie stand in völliger Leere.

Es war noch Nacht, aber der Beginn des Tages war schon zu erahnen. Der junge Mann atmete still und gleichmäßig, das Gesicht im Kissen verborgen. Sie roch ausgeschwitzten Alkohol und altes Nikotin.

Sie drückte sich hoch von der Matratze und zog sich an. Sie hielt die Schnalle ihres Gürtels fest, damit ihn das Klappern nicht aufweckte, dann schlich sie, die Schuhe noch in ihren Händen, hinaus.

Die Luft in der Straße war feucht. Das Hotel lag in der Nähe des Flusses, den er immer so gemocht hatte. Sie folgte dem feinen Nebel, der von dort in die alten Gassen zog. Der Alkohol pochte in ihren Schläfen, aber sie hatte gelernt, das Gefühl zu ignorieren. Dieser Schmerz war nur die logische Folge ihrer Handlungen. Er würde vorüberziehen, wie alles immer vorüberging.

Schwarz lag das Wasser vor ihr, wie ein breites Samtband zwischen den Böschungen. Ihre Seite gepflastert und aufgeräumt. Auf der anderen Seite konnte sie das wilde

Gestrüpp sehen. Sie wusste, dass es auch dort einen Weg gab, im Unterholz, aber zu erkennen war er von hier aus nicht.

Er wirkte ganz friedlich, der Fluss, fast, als würde er auf der Stelle stehen. Doch jeder in der Stadt kannte die gefährlichen Strömungen. Nur die Neuangekommenen, die Urlaubsgäste und Studierenden, waren oft unvorsichtig. Jedes Jahr ertranken ein paar von ihnen.

Sie presste ihre Finger gegen die Schläfen. Sie konnte spüren, wie der Schmerz sich in ihr wand, sich langsam wieder zusammenrollte zu einem festen Ball.

Wenn sie wusste, warum etwas wehtat, ließ es sich aushalten. Es ließ sich packen und ordnen. Nur alles andere. Wohin nur mit all dem anderen.

„Meine Kinder wollten ja unbedingt, dass ich mir einen Hund anschaffe." Nora zog ihr Lächeln in die Breite. „Eine Katze", sagte sie. „Ich habe eine Katze."

„Jaja", antwortete Frau Ritter. „Das ist natürlich auch nett. Eine Katze. Da hat man nicht so viel Verantwortung. Ich habe meinen Kindern auch gleich gesagt, ein Hund kommt mir nicht ins Haus. Die bellen ja auch immer so." Sie legte den Kopf schief und schaute in den Himmel hinauf, als könnte sie den Hund, den sie nicht hatte, irgendwo hinter sich kläffen hören. „Seit wann ist Ihre Katze denn abgängig?"

„Seit einer Woche", sagte Nora. Sie mochte nicht zugeben, dass sie es eigentlich nicht so genau wusste. Die Katze kam und ging, wie es ihr passte. Aber als sie vorgestern den Futterspender hatte auffüllen wollen, hatte sie bemerkt, dass gar nichts fehlte.

„Hmmm", sagte Frau Ritter. „Ich lese ja lieber Bücher. Mein Mann hat auch so viel gelesen. Meine Tochter sagt immer, der Papa, der hat so viel Wissen mit ins Grab genommen, das ist eine Tragödie." Ihre schmale Brust hob sich unter einem schweren Seufzer. „Sie hat auch gesagt, mit dem Papa ist eine ganze Welt gestorben."

Und was stirbt mit dir, dachte Nora und lächelte weiter. „Also, schauen Sie mal nach, ob die Katze irgendwo bei Ihnen eingesperrt ist?" Frau Ritter machte einen Schritt zurück in ihren Flur. „Warum sollte ich denn Ihre Katze einsperren?“, in ihren Augen flackerte etwas. Nora konnte nicht entscheiden, ob es Zorn oder Angst war. „Nicht absichtlich. Aus Versehen, meine ich“, antwortete Nora. „Ich habe gelesen, dass Katzen oft aus Versehen in Garagen oder Kellern eingesperrt werden.“ Sie fragte sich, ob man ihrer Stimme die Müdigkeit anhören konnte. Sie träumte so schlecht in letzter Zeit. Frau Ritter spitzte ihre faltigen Lippen: „Also, ich sperre doch keine Katzen ein!“ Noras Handy brummte.

„Entschuldigung, das ist dringend.“ Sie hielt das Gerät in die Höhe, so dass Frau Ritter das Leuchten sah, dann hielt sie es sich ans Ohr und ging fort. Die Tür klackte hinter ihr ins Schloss, und sie nahm ihr Handy runter, damit sie die Nachricht lesen konnte. *Haben sie schon nachgeflyert? Schleppen legen nicht vergessen! Immer zur selben Zeit, morgens oder abends. Gab es noch Sichtungen?!? Die Fellnasenfreundin.*

Die Nachrichten machten Nora jedes Mal sauer. Obwohl sie ja um Hilfe gebeten hatte. Wie sucht man eine verschwundene Katze? Nach einem Hund rief man. Aber eine Katze? Sie hatte keine Ahnung. Deshalb hatte sie das Silberpaket dieser Beraterin für verschwundene Tiere gebucht. 79 Euro für eine enge Betreuung per WhatsApp und Telefon. Suchhunde und Lebendfallen kosteten extra.

Was sagen die Nachbarn?, flammte eine neue Nachricht auf dem Bildschirm auf. Nora schob das Handy in die

Tasche ihrer Regenjacke. Sie blickte noch einmal zurück zum Haus von Frau Ritter. An der geschlossenen Tür hing ein Weidenkranz. WILLKOMMEN hatte jemand mit Filzbuchstaben draufgeklebt. Es war schwer zu lesen. Die Buchstaben brauchten fast den ganzen Kreis, um das Wort zu formen.

Das Haus gegenüber stand leer. Seit Jahren schon. Vielleicht sogar seit Jahrzehnten. Die Fassade war grau und bröckelig. In den Fenstern hingen fadenscheinige Vorhänge wie ermattete Geister. Manchmal kam eine ältere Dame und kümmerte sich um die Blumen im Garten. Zu jeder Jahreszeit blühte dort etwas. Selbst im Winter. Da gab es Christrosen und den gelben Winterginster.

Das Haus betrat die Frau nie. Im Sommer hatte sie hellweiße Blusen an, unter denen ihr großer Büstenhalter zu erkennen war. Im Winter trug sie einen Mantel, der die Farbe von unreifen Brombeeren hatte. Nora balancierte ein paar Sekunden auf der Bordsteinkante, dann ging sie über die Straße, die ihr für einen Moment wie ein graugefrorener Fluss vorkam.

Sie klopfte an die Garage. Vorsichtig. Und doch war das Knallen ihrer Knöchel auf dem Metall so laut, dass sie zusammenzuckte. „Doro?“, flüsterte sie. „Doro? Bist du hier?“ Eigentlich hieß die Katze Dorothy Parker. Sie hatte sie mit Champagner getauft. Aber der Name wollte ihr danach nie so recht über die Lippen kommen. „Miezmiez!“

Sie rief mit einer hohen Stimme, von der sie sich vorstellte, dass sie der Katze gefallen könnte und raschelte mit der Packung Trockenfutter.

Die Garagentür stand einen Spalt auf. Sie war nur durch einen davorgelegten Betonstein blockiert. Sie schob den Stein beiseite und öffnete die Tür. Staubiges Licht fiel durch ein vergittertes Wandfenster. Davor stand Gerümpel, ineinander verkeilte Stühle, Stapel von Zeitungen, ein altes Mofa, aus dessen zerfetztem Sitz urinfarbener Schaumstoff quoll. Ein zusammengerollter Teppich klemmte in dem Durcheinander.

Auf der linken Seite saß auf einer Matratze die Frau, die den Garten pflegte, und schaute sie an. Die Augenbrauen hatte sie etwas hochgezogen. Sonst zeigte ihr Gesicht keine Regung.

„Entschuldigen Sie", sagte Nora. „Ich suche meine Katze." Ihr Herz klopfte. Sie konnte das Gefühl nicht abschütteln, ein Liebespärchen überrascht zu haben.

„Die Glückskatze?" Die Frau bewegte sich nicht. Es schien ihr nichts auszumachen, dass Nora plötzlich hier war. Sie verhielt sich nicht anders als jemand, den man an der Bushaltestelle nach der richtigen Verbindung fragte. An der Wand hing der beerenfarbene Mantel.

„Die Glückskatze?" Noras Handy brummte mitten in ihre Frage hinein. *Die Schleppen bitte mit Eigenurin legen. Die Fellnasenfreundin.*

Nora schob das Handy in ihre Tasche zurück. Eigenurin. Sie überlegte, ob sie wirklich bereit war, für Dorothy Parker auf einen Lappen zu pinkeln, ihn an eine Schnur zu binden und damit durch die Straßen zu gehen. Vielleicht würde sie die Fellnasenfreundin auch einfach anlügen. Es kam ihr irgendwie niederträchtig vor, die Katze so zurückzulocken. Als würde sie einem Heroinabhängigen nach seinem Entzug eine aufgezogene Spritze hinhalten.

„Dreifarbige Katzen nennt man Glückskatzen."

„Ach so. Das hab' ich nicht gewusst. Ja. Doro ist dreifarbig."

„Doro. Ein seltsamer Name für eine Katze."

Nora zuckte die Schultern. Sie schämte sich. Dass sie weder wusste, dass Doro eine Glückskatze war, noch, dass sie ihr einen anständigen Namen gegeben hatte. Dorothy Parker. Sie wusste selbst nicht mehr, was sie damit hatte sagen wollen.

„Nein, die ist nicht hier."

„Sie", begann Nora, „kommen ja ab und zu her", wollte Nora eigentlich sagen. Aber vielleicht stimmte das ja gar nicht. Vielleicht wohnte die Frau ja hier und ging nur ab und zu weg. „... könnten mir vielleicht Bescheid sagen, wenn Sie sie sehen?", beendete sie den Satz. „Ich wohne ..."

„Ich weiß", antwortete die Frau. „Wir sind ja Nachbarn."

Wieder nickte Nora. Die Zähne der Frau schimmerten im dämmrigen Licht auf. Ob das ein Lächeln war?

Die Frau sank gegen die graugewordene Wand zurück. „Können Sie bitte den Stein wieder davorschieben, wenn Sie die Tür zumachen? Das ist von innen immer recht beschwerlich."

„Klar. Einen schönen Tag noch", sagte Nora und zog ihren Oberkörper aus dem Spalt zurück. Eine kurze, aber schreckliche Angst überfiel sie, dass sie die alte Frau mit einem falsch hingelegten Stein in der Garage einsperren könnte. Sie schob den Stein langsam und vorsichtig und achtete darauf, dass sie genau den Abdruck traf, den er auf dem Beton hinterlassen hatte.

Die Sonne ging hinter den Bäumen unter. Sie war schon nicht mehr zu sehen, aber ihr rotes und violettes Leuchten griff noch durch die Zweige und verfing sich in den Wolken. Nora schaute zu, wie sie die Strahlen in sich aufsogen. Sie spürte wieder den Wunsch aus ihrer Kindheit, dort hineinzugreifen, zu baden in diesem Knäuel aus Licht und Wasserdampf.

An ihrer Haustür klebte ein Zettel. Der Schornsteinfeger. Er wollte einen Termin. Zur Überprüfung ihrer Feuerstätte. Noras Gedanken huschten davon. Feuerstätte. Das klang nach Mittelalter und Lagerfeuer. Nach Romantik, Leben und Wildnis. Dann wurde ihr klar, dass der Schornsteinfeger damit ihre Gastherme meinte und, wie jedes Jahr, sein Messgerät hineinschieben würde, um fünf

Minuten später wieder zu gehen und eine Rechnung in den Briefkasten zu schmeißen.

Sie öffnete ihre Haustür vorsichtig. Sie machte die Lampen nicht an, sondern leuchtete sich mit dem Handy den Weg zur Küche. Sie wusste ja, was es zu sehen gab.

Die Unordnung bewegte sich durch ihr Haus wie das Fieber durch den Körper eines Malariakranken. Gerade war sie mit aller Brutalität zurück und schüttelte das Haus in seinen Grundfesten. Manchmal schien sie ganz und gar verschwunden, das Haus lag dann freundlich und geordnet vor ihr. Die Teller gewaschen an ihrem Platz, die Bücher im Regal, die Briefe geöffnet und bearbeitet. Doch dann kroch die Unordnung plötzlich wieder hervor, aus den Schränken, dem Briefkasten, den verborgenen Ecken hinter Sofa und Beistelltischchen, manchmal auch aus dem Keller. Oft schien sie sich aber aus ganz unergründlichen Quellen zu speisen. Es gab Tage, da öffnete sie die Haustür und sah sich plötzlich einem Chaos gegenüber, das sie sich nicht erklären konnte. Sie wusste, dass es etwas mit ihr zu tun haben musste, und trotzdem traf es sie unerwartet. In den Tagen und Wochen, wenn die Unordnung durch ihr Haus tobte, fühlte sie sich wie eine Fremde. Nora ließ die Unordnung wüten. Wenn sie besonders erschöpft war, kehrte sie erst nach Sonnenuntergang nach Hause zurück. Das war das Einzige, was half. Die Unordnung verbarg sich dann in den Schatten, formte sich zu

Landschaften, die irgendeinen Sinn ergaben und gleichzeitig fern genug blieben.

Haben sie mit den Nachbarn geredet?!, leuchtete eine Nachricht auf ihrem Handy auf. Die Fellnasenfreundin. Sie hatte sie schon fast vergessen. *Ihre Katze könnte gerade in einer Garage verdursten! Ist ihnen das bewusst???*, fragte gleich darauf die nächste Nachricht. Nora drückte auf den Knopf für Sprachnachrichten und hielt sich das Mikro vor das Gesicht. Sie sah, wie die App die Sekunden der Stille zählte. „Nein", sagte sie schließlich und ging ins Bad, um sich im fahlen Licht der Straßenlaterne die Zähne zu putzen.

Sie war so müde, dass sie hoffte, gleich einzuschlafen. Aber sobald sie die Lider schloss, sah sie die Frau in der Garage sitzen, sah den aufgewirbelten Staub in der Luft. Hätte sie nicht mehr tun sollen? Irgendeinen Dienst anrufen, ein Amt. Vielleicht gab es so etwas wie ein Jugendamt für alte Menschen. Sie überlegte, ihr Handy zu nehmen und danach zu suchen. Aber je mehr sie darüber nachdachte, desto anstrengender schien ihr das, und so blieb sie einfach liegen und hörte zu, wie ihr Atem in der kühlen Baumwolle knisterte.

Das Maunzen war da. Nicht laut, aber deutlich. Es klang seltsam gedämpft. Die Katze musste irgendwo hinter der Mauer aus Betonsteinen sitzen. „Doro?", rief Nora und tastete sich die Wand entlang, klopfte schließlich die

Steine einen nach dem anderen ab. Aber sie fand keinen Eingang. Das Maunzen wurde immer schwächer, bis es fast nicht mehr zu hören war. Vielleicht verdurstete die Katze gerade jetzt, hier hinter der Mauer, in der Dunkelheit? „Doro?", rief sie. Aber das Maunzen war verschwunden. Stattdessen war nun der Schornsteinfeger da, klopfte mit seinem Messgerät an ihr Bett und sagte mit ernstem Blick: „Wenn Sie mich anfassen, bringt das Glück."

Der Mond schien ihr ins Gesicht. Die Decke war auf den Boden gefallen. Es klopfte. Sie schaute auf die Uhr. Halb drei. Es klopfte wieder. Sanft, aber nachdrücklich. Nora schlich hinunter und vermied die knarzenden Stellen der Treppenstufen. Vielleicht war es besser, so zu tun, als sei sie nicht zu Hause. Sie stellte sich vor, wie sie die Tür öffnete und zwei Polizisten dort standen. Doch was sie hätten sagen können, das fiel ihr nicht ein.

Sie drückte ihr Gesicht an das kalte Plastik der Haustür und schaute durch den Spion. Davor stand die Frau aus der Garage. Ob ihr dort zu kalt geworden war? Noras Kopf war noch immer leicht vom Traum. Wieder klopfte die Frau an die Tür. Warum klingelte sie eigentlich nicht? Nora schaute ihr durch den Spion zu. Sie sah nicht verzweifelt aus. Es fiel Nora schwer, überhaupt ein Gefühl in ihren Gesichtszügen zu entdecken. Am ehesten hätte Nora Belustigung gesagt. Nun schob die Frau von außen ihr Auge vor den Spion, auch wenn so herum nichts zu sehen war. Für den Bruchteil einer Sekunde starrten sich ihre Augen an, nur getrennt durch das Plexiglas, und doch sahen beide nur Dunkelheit.

Mit einem Klicken öffnete Nora das Riegelschloss und zog die Tür einen Spalt auf. „Ja?", sagte sie.

Die Frau hielt ihr etwas Weiches, Felliges entgegen. Dorothy.

„Ehrlich gesagt wohnt sie nun schon eine Weile bei mir." Nora streckte die Hände aus und nahm die Katze in die Arme. Diese sträubte sich nur für einen kurzen Moment. Dann legte sie die Pfoten auf ihre Schultern und lauschte mit aufgestellten Ohren in die Dunkelheit des Hauses.

„Ich dachte mir eigentlich, sie wird schon wissen, was sie tut. Aber nach Ihrem Besuch hat es mir keine Ruhe gelassen. Deshalb", sie zeigte auf Doro, die Nora nun direkt anschaute. Ihre Pupillen hatten die Iris fast ganz verdrängt, was ihrem Blick etwas Rastloses, Irres gab.

„Danke", sagte Nora.

„Sie schienen mir so …" Die Frau blickte die Straße hinab zur Straßenlaterne, wo im Sommer die Motten ihre torkelnden Kreise flogen, und ließ den Satz unvollendet.

„Wussten Sie, dass es nur weibliche Glückskatzen gibt?"

Nora schüttelte den Kopf und streichelte Dorothys Fell.

„Ich habe ihr Thunfisch in Dosen gegeben."

„Danke", sagte Nora wieder und erschrak, wie heiser und matt ihre Stimme auf einmal klang. „Das werde ich auch versuchen."

„Den in Öl.“

Nora nickte. Doro sprang von ihrem Arm und jagte in die Schatten hinein. Irgendetwas fiel mit einem Scheppern zu Boden. Die Frau drehte sich um und zeigte auf ihre Garage. „Also, falls Sie Ihre Katze wieder vermissen, Sie wissen ja, wie man die Tür öffnet.“

Sie ging über die Straße, ohne sich noch einmal umzudrehen. Nora schaute ihr hinterher. „Wie heißen Sie denn eigentlich“, wollte sie rufen. Aber dann sah sie den beerenfarbenen Mantel und wie er an ihrem Körper hing, schräg und unsicher. So als wüsste er, dass das alles hier nur vorübergehend war, als müsste das alles gar nichts bedeuten.

Die Hand

Der Mund war ein Problem. Beim Reden. Oder auch beim Lachen. Wenn sie das spürte, fror sie manchmal ein. Mittendrin.

Aber auch die Hand. Wie sie sich auf das Dekolleté legte, wenn sie sonst nicht wusste, wohin damit. Das war dann nicht mehr sie. Das war SIE.

Es hatte eine Zeit gegeben, da glaubte sie, sie los zu sein. Hatte sie einfach hinfortgewischt. Aus ihrem Leben. Die Kleider entsorgt, den Schmuck fortgegeben. Alles weg. Es hatte geholfen, dass sie ihr kaum ähnelte. Ganz anders Augen, Nase, Mund. Andere Haare, Hände, anderer Körper. Alles ganz anders. Hatte sie gedacht.

Nicht wie ihre Schwester. Der die Mutter in den Leib geschrieben war. In die Brüste, die Locken und die Hüfte. Sie hatten seit Jahren keinen Kontakt mehr.

Sie selbst war ein ganz anderer Mensch. In einer ganz anderen Welt. Konzerte. Partys. Uni. Große Männer, die gut reden konnten, die wussten, wie man in einem Restaurant bestellte. Und sie wusste es irgendwann auch.

Nur ihre Vagina, nein, das exakte Wort war die Vulva, das was man außen sah, denn das Innere, ob das vergleichbar war, das wusste sie ja nicht. Bei der Vulva, da erahnte sie eine Ähnlichkeit. Eine Ahnung, die sie überfiel, wenn sie sich zufällig nach dem Duschen im Spiegel sah. Erinnerungen an das alte verdampfte Badezimmer und die nackte Frau, die sich mit harten rhythmischen Bewegungen die Scham trocknete. Aber das war einfach. Sie schaute nicht hin, sondern schaute ihre Brüste an, die von ganz anderen Genen geformt waren. Klein und straff.

Begonnen hatte es mit der Hand. Ein Abend mit Freunden. Erst Restaurant, dann Bar. Die gedämpften Lichter flirrten in ihren Augenwinkeln. Sie trug ein enges Kleid, das ihre schmale Figur betonte. Irgendjemand sagte etwas Witziges, was es war, hatte sie vergessen. Aber sie erinnerte sich genau an das Gefühl, vor lauter Lachen die Kontrolle über ihren Körper zu verlieren. Ein Lachen, das sich aus ihr herauszwängte und sie übermannte, das die Augen unattraktiv zusammenkniff und den Mund aufriss, als gehöre er einem hungrigen Tier. Und in diesem Moment geschah es. Sie hatte die Hand erst bemerkt, als sie schon dort lag. Die Hand. Auf ihrem Brustbein, die Finger gestreckt. Der Handteller durchgedrückt. Ein wenig wie die Haltung einer Madonna im Rokoko, wenn der Engel zum ernsten Gespräch herabsteigt. Diese Hand war ihr so vertraut, aber das Gefühl, dass sie nun an ihrem Körper saß, glich einem Schock. Sie musste an diesen komischen Film denken, als sich der Alien aus dem Körper des Astronauten bohrt und sich dann einen Zylinder aufsetzt und singend über den Tresen spaziert, „Hello, my baby. Hello, my darling!“ singend. *Hello, my baby.* Nein, ihr Alien sollte eher singen: *Hello darkness, my old friend. I've come to talk with you again.*

„Du warst Mama schon immer am ähnlichsten“, sagte ihre Schwester und lachte.

„Wie kommst du denn auf so ’nen Scheiß“, fragte sie zurück und wollte das Telefon am liebsten auf der Tischkante zerschlagen.

Wieder lachte ihre Schwester. „Genau das meine ich.“ Ein vertrautes Geräusch. Zungenschnalzen. Schon als Kind hatte sie das gemacht. Und schon damals fand sie dieses Geräusch widerlich. Obszön und überlegen zugleich. „Immer mit dem Kopf durch die Wand und alles plattmachen. Kein Wunder, dass ihr immer so gestritten habt.“ Sie hörte das tiefe Atmen ihrer Schwester, viel zu nah. Vielleicht hatte sie das Telefon zwischen Schulter und Ohr geklemmt, um nebenher etwas zu erledigen.

„Wir haben nicht gestritten! Sie hat mich FERTIGGEMACHT!“ Sie schrie das letzte Wort so laut sie konnte, bis ihre Kehle schmerzte.

„Du hast ihr einen Zahn ausgeschlagen“, antwortete ihre Schwester beiläufig, so als führten sie ein Gespräch über ihre bevorstehenden Urlaube. Vielleicht legte sie nebenher Wäsche zusammen oder kochte ein Risotto. Sie war schon immer sehr effizient. Ihr Zimmer immer ordentlich. Ein Wunder, dass ich dir noch nicht den Schädel eingeschlagen habe, dachte sie.

„Sie hat versucht, mich die Treppe runterzuschubsen! Ich hab’ mich nur gewehrt!“ Sie hasste die Weinerlichkeit, die sich nun in ihre Stimme geschlichen hatte.

„Das ist doch alles schon ewig her! Ist es denn nicht mal irgendwann gut?“ Die Schwester seufzte. „Kannst du es denn nicht mal sein lassen? Wir sind doch nun wirklich erwachsen.“ Etwas raschelte im Hintergrund. Bestimmt legte sie wirklich gerade Wäsche zusammen. Oder bügelte. „Sie ist jetzt auch ganz anders. Weißt du. Ganz … Ich weiß nicht. Sanft. Vielleicht solltest du selbst mal Kinder haben. Dann wüsstest du …“

Das Telefon klickte hell, als sie auf die rote Taste drückte. Dann schmiss sie das Ding vom Balkon in den Kanal. Festnetz benutzte doch heute eh kein Mensch mehr.

Etwas klemmte in ihrem Hals. Sie räusperte sich. Und da war sie wieder. In dem Räuspern, genau zu hören. Der Rhythmus. Die Tonlage. „Das bin nicht ich“, dachte sie. Sie konnte sich plötzlich von außen sehen, wie sich IHRE Bewegung durch die Haut drückte und in die Geräusche hineinkroch. Nur ein feines Vibrieren, aber das gehörte nicht ihr. Und doch steckte es in ihrem Körper. Sie massierte sich den Hals. Bekam sie da Falten? Ihre Finger fuhren tastend die Haut entlang. Tatsächlich. Sie konnte die längs verlaufenden Furchen fühlen. Sie ging zum Wasserhahn und trank, den Kopf quergelegt, den Wasserstrahl mit dem Mund auffangend. Dann goss sie sich ein Glas Wein ein. Den weißen. SIE hatte immer roten getrunken. Tat sie vermutlich immer noch. Sie tastete die Oberkante des Bücherregals ab. Die Zigaretten. Sie fummelte eine heraus, ohne die Schachtel herunterzunehmen. Sonst würde sie alle rauchen, auf dem Balkon sitzend, bis die erleuchteten Ausflugsdampfer den Kanal entlangfuhren. Sie konnte nicht in der Wohnung bleiben. Dort gab es zu viele Zigaretten. Zu viel Wein. Eine ganze Kiste voll. Sie griff die offene Flasche und den Haustürschlüssel.

Es war kühler, als sie gedacht hatte. Sie zog die Oberschenkel hoch, stellte die Stiefeletten auf das Holz der Sitzfläche und drückte ihren Körper Richtung Beine. Ob man ihr jetzt unter den Rock sehen konnte?

Sie steckte sich die Zigarette in den Mund und zündete sie an. „Da bist du ja schon wieder", durchzuckte es sie. In den geschürzten Lippen, die die Zigarette hielten. Auch das war SIE. Aber jetzt konnte sie lachen. Der Wein hatte ihren Kopf leichter gemacht. Seltsames Gefühl. Ein bisschen, als würde das Gehirn zu schweben beginnen und die Gedanken einfach unten zurücklassen.

„Man macht seine Schuhe nicht auf die Bank, sagt meine Mama. Da wollen noch andere Leute sitzen." Das Mädchen trug eine Mütze, grau mit grauen Glitzersternen. Die hätte sie ihr gern vom Kopf gezogen und selbst aufgesetzt.

„So. Sagt deine Mama das." Sie nahm einen Schluck aus der Weinflasche und zog wieder an der Zigarette.

„Meine Mama sagt auch, dass leider viele Leute gemein sind und es trotzdem machen."

„Mensch, deine Mama hat's ja total raus." Sie zog die Nase hoch. Hoffentlich erkältete sie sich nicht bei dieser dummen Aktion. „Hat sie dir denn auch gesagt, dass man nicht einfach fremde Leute vollquatscht?"

„Warum sitzt du denn hier? Eine Mama bist du jedenfalls nicht."

Sie schaute sich um. Sie hatte sich tatsächlich auf die Bank neben dem Spielplatz gesetzt. Sie nahm noch einen Schluck Wein und zog an der Zigarette, bis sie das Knistern des Filters hörte.

„Ich muss jetzt gehen", sagte das Mädchen und lief zu einer Frau, die ein paar Meter weiter einen Kinderwagen hin und her schob. Ja, lauf zu Mami, dachte sie und drückte die Zigarette auf der Bank aus.

Der Spielplatz war nun leer, die Sonne hatte sich schon hinter den Bäumen verkrochen, bald würde es dunkel werden. Sie räusperte sich. „Hello again. Da bist du wieder. Fuck, Mama", dachte sie. „Jetzt lass mich doch mal." Sie wusste, sie sollte sich jetzt in einen Zug setzen. Sie sollte jetzt dahin fahren, was andere ihr Zuhause nannten.

Die Schaukel quietschte leise, als sie sich zwischen die Metallketten quetschte. Eigentlich war das Sitzbrett zu schmal für sie, die Ketten schnitten ihr ein wenig in die Hüften. Ein leichter Schmerz, fast angenehm.

Es ging erstaunlich schnell. Nur mit ein paar Schwüngen schaukelte sie hoch und weit. So weit, dass sie fast über die Baumspitzen schauen konnte, dorthin, wo es dunkel wurde. Es war ihr nun so kalt, dass sie zitterte.

Sie räusperte sich noch einmal. Und noch einmal. Wenn sie nur ans Räuspern dachte, war SIE schon da. „Tja“, sagte sie. Und ihre Stimme klang ganz fremd. „Da stecken wir also fest.“

Sie schaute dem Schwarz zu, wie es über die Bäume hinauswuchs und sich den Himmel griff. „Aber so leicht kriegt ihr mich nicht“, murmelte sie und warf die leere Flasche in die heranziehende Nacht.

Die Kröte

„Ein bisschen mehr nach rechts“. Sie nickte Mirjam mit einer knappen Bewegung zu. Gemeinsam hoben sie den silbrig verwitterten Teakholztisch wieder an und tippelten an den Rand der Natursteinterrasse. Unter dem Haselstrauch blieb Hilda stehen. Mirjam ging noch einen kleinen Schritt weiter, dann wieder einen zurück, so dass die Tischkante parallel zum Mäuerchen der Terrasse stand. Sie schauten sich kurz in die Augen. Hilda nickte wieder, und sie setzten den Tisch ab. Dumpf schlugen die Holzbeine auf dem Stein auf.

Mirjam blickte hoch. Der Strauch war eine Drehhasel. Seine Zweige hingen in verwirrten Bahnen über dem Tisch, das Laub warf ein Muster aus Schattenflecken darauf.

Sie hörte ein Flattern, fast wie Flügelschlagen. Hilda warf die Tischdecke über das Holz. Mirjam konnte die Unebenheiten im Stoff erkennen. Knötchen, die hier und da aus dem Weiß hervorstießen. Ihre Finger berührten das Gewebe, bevor sie nachdenken konnte. Die Knubbel fühlten sich vertraut an, ein Bild blitzte in ihr auf. Die Kröte. Ihre Haut war trocken und samtig gewesen, ganz anders, als sie es erwartet hatte. Die Augen ganz und gar golden. Sie hatte sich eine Kröte schleimig vorgestellt. Ihre Mutter hatte sich so sehr vor diesen Tieren geekelt.

An dem Tag hatte sie ein geblümtes Kleid getragen. Sie sah das Muster noch vor sich, wie die Blüten sich im

Faltenwurf bogen. Vielleicht war es auch ihr Geburtstag gewesen? Sie hatte im Sonnenlicht gesessen und die Kröte gestreichelt. Und sie war sitzengeblieben, ihre verzauberte Freundin. Hatte die Kinderhand ihre Warzen befühlen lassen. Nur ihr Hals hatte sich rhythmisch aufgebläht und wieder zusammengezogen. Sie hatte der Kröte auch etwas erzählt. Was es gewesen war, konnte sie nicht mehr erinnern. Aber sie konnte noch das Glück fühlen, das sich für einen Moment in ihr ausgeruht hatte.

Dann hatte sie die weißen Würmer entdeckt. Wie ein beginnendes Feuer züngelten sie aus den Nasenlöchern der Kröte hervor.

„Handgewebt." Hildas Gesicht leuchtete bei dem Wort auf. „Aus Rumänien."

„Ah", sagte Mirjam. Sie war sich nicht sicher, ob „aus Rumänien" heißen sollte, dass Hilda ein Volk in Schwierigkeiten unterstützte, oder ob es eine Art Entschuldigung dafür war, dass die Decke nicht so teuer gewesen war, wie das Wort handgewebt vermuten ließ. Vielleicht bedeutete es auch beides auf einmal. Sie fühlte sich mit Hilda oft wie beim Schauen der englischen Serien. Immer wieder machte sie heimlich die Untertitel an, weil sie sich nicht sicher war, ob sie wirklich verstand, was dort vor sich ging.

„Nein", sagte Hilda. Ihre Augen waren zu Schlitzen zusammengezogen, ihr Zeigefinger tippte auf ihre Lippen. „Nein, das wird so nicht gehen." Ihr Blick huschte hin und her, blieb für einen Augenblick an dem Drehhaselstrauch hängen und glitt dann wieder zum Himmel, an dem keine Wolke stand. „Am Nachmittag knallt die Sonne ja genau hier hin." Hildas Hand schlug beim Wort „hier" eine Scharte in das Nichts vor ihr. Dabei schüttelte sie ihren Kopf. Die blonden Haare bewegten sich wie eine zähe Masse. Mirjam hätte sie gern angefasst. Sie sahen so weich aus. „Wo möchtest du den Tisch denn hinhaben?"

Hilda lachte. „Ich weiß, ich bin eine schreckliche Pedantin." Sie ließ ihre Lider ein paar Mal auf- und zugehen wie die Schlafaugen einer Babypuppe, wenn man sie ein bisschen zu fest schüttelt. „Ich möchte einfach nur, dass wirklich alles perfekt ist für nachher." Sie zog die Mundwinkel herunter, was sie ein wenig wie einen Fisch aussehen ließ, fand Mirjam.

Sie nickte.

„Ich glaube da, unter den Birken! Das wäre doch ein wirklich schöner Ort." Sie streckte ihren Zeigefinger aus. Mirjam schaute an das andere Ende des Gartens, wo die Wiese von Birken verschattet wurde und dann in Wildnis überging. Etwa 50 Meter waren es bis dahin.

„Ist Thomas denn gar nicht hier?", fragte sie.

„Der kommt später", antwortete Hilda. Sie presste die Stimme zwischen den Zähnen hindurch, den Tisch hatte sie schon angehoben. „Komm, jetzt fass mal mit an." Mirjam nahm ihr Ende des Tisches und begann rückwärts in Richtung der Treppenstufen zu gehen. Die Tischplatte zerrte an ihren Armen, während der hölzerne Fuß immer wieder gegen ihre Schienbeine schlug. Die Steinstufen waren uneben. Der Tisch schob sie mit seinem Gewicht die Treppe hinab. Was wäre, wenn sie eine Stufe verpasste und hinabstürzte? Ob der Tisch samt Tischtuch sie unter sich begraben würde? Sie stellte sich vor, wie die Tischkante in ihren Leib fuhr und sie zweiteilte.

„Langsam!", ihre Stimme klang erschrocken. Das Leinen rutschte unter ihren Fingern auf dem Holz hin und her. „Langsam?", Hilda lachte scharf auf. „Ich kann das Ding kaum noch halten!" Mirjam spürte, wie das Gras an ihrem Knöchel kitzelte. Sie hatte die Stufen hinter sich. Mit ein paar schnellen Schritten ging nun Hilda die Stufen hinab und schaute Mirjam in die Augen. „Geht doch", sagte sie. Dann schritten sie beide im Krebsgang über den Rasen, den Tisch zwischen sich hin und her schaukelnd, auf die Birken und das dahinter beginnende Gestrüpp blickend.

„Halt!", rief Hilda, sobald die Tischplatte vollständig im Schatten war. Über ihnen rauschte eine Brise durch die Birkenblätter. Mirjam spürte den Drang, in die schmiegsamen Kronen zu klettern und sich dort oben vom Wind schaukeln zu lassen. Aber sie wusste, die jungen Bäume würden ihr Gewicht nicht aushalten. Hilda strich über die Decke. Dreimal bewegten sich ihre Hände über den Stoff, sie begann in der Mitte und ließ sie dann auseinandergleiten. Ein helles, fast unhörbares Surren begleitete ihre Bewegungen.

Hilda betrachtete die leere Fläche vor sich, dann breitete sie ihre Arme aus und drehte sich zu Mirjam, als wolle sie sie umarmen. „Ich hol' schnell die Blumen", sagte sie und ging mit einem Tempo zum Haus, das geschäftig wirkte, aber trotzdem noch Raum für Eleganz ließ, fand Mirjam. Sie bewunderte ihre Freundin für diese mühelosen Gesten. Vielleicht war es auch mehr ein Staunen, dass so etwas möglich war. Dass es auch das gab, das perfekte Maß an Eile.

Sie stand an dem leeren Tisch. Es schien ihr, als vergäße sie eine wichtige Aufgabe, als brächte sie den Zeitplan nun endgültig ins Wanken, weil sie einen zentralen Schritt des Ablaufs nicht jetzt vornahm. Es wollte ihr nur einfach nicht einfallen, was das war. Sie zupfte an der Tischdecke, gerade so wenig, dass sie nichts daran veränderte. Sie schaute sich auf der Wiese um. Stühle. Stühle brauchten sie auf jeden Fall.

Das Holz der Stühle war warm und trocken. Sie hatte gedacht, sie könne an jeder Seite einen tragen, den Arm unter die Rückenlehne gehakt. Aber sie hatte das Gewicht des Holzes unterschätzt. Nach wenigen Metern musste sie einen Stuhl auf der Terrasse stehen lassen und trug dann den verbleibenden vor sich her bis zum Tisch. Auf halbem Weg zurück kam ihr Hilda entgegen. In den Armen hatte sie eine Schale, groß wie ein Gänsebräter. Darin waren Hortensien und Efeublätter drapiert. Hilda stellte das Gefäß in die Mitte des Tisches und ließ den Blick auf ihrer

Zusammenstellung ruhen. Sie lächelte. Mirjam fragte sich, ob Hilda damit aufgehört hatte, als sie alleine war, oder ob sie auf dem ganzen Weg still für sich gelächelt hatte.

Es waren rosafarbene Blüten und hellgrüne, die ins Weiß übergingen. „Wenn wir da jetzt noch die silbernen Kerzenleuchter von meinen Eltern hinstellen, links und rechts …" Ohne den Satz zu beenden, drehte sie sich um und ging wieder zum Haus zurück. Vielleicht sprach sie den Satz auch zu Ende, nur konnte Mirjam sie nicht mehr hören.

Sie fand, die Hortensien hatten etwas Bleiches trotz ihrer Farbigkeit. Fast als seien es Kunstblumen, von einer feinen Staubschicht überzogen. Sie wusste, Hilda würde niemals Kunstblumen verwenden. Ganz sicher nicht. Kunstblumen waren für ihre Freundin so wie Instantkaffee und Tiefkühlkuchen. Sie hatten keinen Platz in einem echten Leben, einem, das zählte. Sie wusste, die Blumen mussten echt sein. Trotzdem nahm sie eines der Blütenblätter zwischen ihre Finger. Sie spürte kaum etwas, so als hätte sie auf ihren Nervenenden eine zentimeterdicke Hornhaut. Sie führte das Blatt an ihre Lippen. Die Berührung durchzuckte sie. Jetzt fühlte sie die Glätte. Eine abweisende Schicht, undurchdringlich. Sie musste wieder an die Kröte denken, an die Augen, golden und unnahbar. Die länglichen Pupillen, gleichgültig auf der Welt ruhend. Doch dann hatte sie die Würmer entdeckt und sich gefragt, ob es nicht doch Verzweiflung war, mit der das Tier an ihr vorbeischaute.

„Weiß oder rosa?“ Hilda streckte ihr zwei schwere Leuchter entgegen. In einem steckte eine rosafarbene Kerze, in dem anderen eine weiße. „Was meinst du?“

„Ich …“ Mirjam blickte zwischen den Leuchtern hin und her. Das Rosa hatte etwas Fleischiges, eigentlich war es der unterkühlten Farbe der Hortensien überhaupt nicht ähnlich. Das Weiß wiederum war so rein, dass es sie beinahe blendete. „Wird das denn überhaupt jemandem auffallen?“, sagte sie schließlich.

„Du hast Recht“, murmelte Hilda. Sie stellte die Leuchter auf das Tischtuch und zog beide Kerzen von den Dornen. „Ich werde noch einmal nachschauen. Ich glaube, wir haben irgendwo noch lindgrüne Kerzen.“ Sie huschte wieder über den Rasen, den Kopf geneigt, als suche sie etwas im Gras. Mirjam wusste, das bedeutete, Hilda dachte angestrengt nach.

Sie ging zur Terrasse und holte einen zweiten Stuhl. Die Sonne brannte auf die Terrasse herab. Sie spürte einen Schweißtropfen, der sich von ihrem Nackenhaar löste und ihre Wirbelsäule hinabrann. Er verursachte ein Kitzeln, das ihr schier unerträglich schien. Fast stellte sie den Stuhl ab, um den Tropfen wegzuwischen. Aber dann war es schon vorbei. Hilda wartete am Tisch auf sie. Sie hatte gar nicht bemerkt, dass sie an ihr vorbeigegangen war. Auf den Kerzenständern steckten nun zwei mittelgrüne Kerzen, deren Farbe Mirjam an das Gummizeug erinnerte, das sie als Kind von ihrem Taschengeld am Kiosk gekauft hatte. Hilda hatte eine tiefe Falte zwischen den Augenbrauen.

„Der wackelt ja total!“ Hilda drückte mit der Hand auf das rechte Ende der Tischplatte und tatsächlich fing der Tisch an zu wackeln. Ein leichtes Schwanken, das aber nicht zu übersehen war. Die Hortensien zitterten in ihrer Schale.

„Wir könnten etwas unterlegen“, schlug Mirjam vor, obwohl sie wusste, dass das nicht die richtige Antwort war.

„Auf keinen Fall!“ Hildas Stimme klang laut und streng. „Außerdem hat mich gerade eine Mücke gestochen. Hier!“ Sie hielt Mirjam die entblößte Innenseite des Unterarms entgegen. Die Sehnen spannten sich unter der Haut. Sonst sah Mirjam nichts.

„Wir tragen den Tisch zurück zur Terrasse, stellen ihn mittig und ich hole den Sonnenschirm aus der Garage.“ Hildas Hände unterstrichen jeden der beschriebenen Schritte und griffen dann die Tischkante.

Mirjam hob ihr Tischende hoch. Die Kerzenständer begannen zu zittern. „Vorsicht“, zischte Hilda. „Das sind Erbstücke.“ Mirjam schwieg. Natürlich wusste sie, dass die Leuchter Erbstücke waren. Und sie wusste, dass Hilda das wusste.

Sie trugen den Tisch zurück in Richtung Terrasse. Mirjam setzte ihre Füße voreinander, so, wie sie es früher beim Turnen auf dem Schwebebalken getan hatte, den einen exakt vor den anderen, mit den Zehen leicht nach außen zeigend. Es gelang ihnen, den Tisch auf der Terrasse abzustellen, ohne dass die Leuchter oder die Blumenschale Schaden nahmen. Nur ein paar dunkle Flecken auf dem Tischtuch zeigten, dass ein wenig Wasser aus der Schale geschwappt sein musste.

Hilda warf einen Blick auf ihre Uhr. Das Metallarmband blitzte im Licht auf. „Du holst die Stühle zurück", sagte sie. „Ich hole den Sonnenschirm." Mirjam nickte. Hilda war schon in der aufgeschobenen Terrassentür verschwunden, die weißen Vorhänge wogten träge in der Zugluft.

Sie dachte an das Gewicht der Stühle, an den Schweißtropfen auf ihrer Wirbelsäule und setzte sich auf die Steinstufen. Sie hatte dieses Fest nicht gewollt. Aber es sei doch wichtig, den eigenen Geburtstag zu feiern, hatte Hilda gesagt, „allein aus Selbstwertschätzung". Sie hatte Geburtstage noch nie besonders gemocht. Am Ende des Tages blieb immer ein schales Gefühl zurück, so wie ein vergessenes Glas Sekt. Und sie mochte Sekt noch nicht einmal, auch Champagner nicht. Auch wenn sie das verschwieg. Champagner mochte schließlich jeder und in Hildas Kühlschrank lagen sechs Flaschen bereit. Selbstwertschätzung. War das überhaupt ein echtes Wort?

„Er ist nicht da!" Hildas Stimme schrillte aus dem Haus. Sie drehte sich um. Hilda stand im Türrahmen, mit der einen Hand hielt sie sich daran fest, als könne sie jeden Moment umfallen. Sie bemerkte gar nicht, dass die Stühle noch immer hinten auf dem Rasen standen.

„Wer?“, fragte Mirjam. Sie spürte die Hitze der Sonne zwischen ihren Haarwurzeln als ein helles Brennen.

„Na, der Sonnenschirm!“, herrschte Hilda sie an.

„Oh.“ Sie versuchte ein bestürztes Gesicht zu machen. „Hast du überall geschaut?“

„Natürlich habe ich überall geschaut! Glaubst du jetzt, ich bin total verblödet?“ Hilda schlug mit der flachen Hand auf den Türrahmen. Für einen Moment war Stille.

„Ich fahr einfach zum Baumarkt!“ Die Anspannung in Hildas Gesicht löste sich in einem Lächeln auf. Mirjam mochte es, wenn Hilda lächelte. Mit ihren großen weißen Zähnen und dem breiten Mund hatte es etwas Glamouröses.

„Der ist nur zehn Minuten von hier! Ich bin gleich wieder zurück.“ Sie huschte über die Terrasse, beugte sich zu Mirjam und drückte sie stürmisch an sich. „Du wirst sehen! Es wird alles gut!“ Mirjam roch den Maiglöckchenduft in ihrem Parfum. Hildas Haare kitzelten an ihrer Wange. Sie waren trocken und steif. „Du kannst dir ja schon mal einen Schampus aufmachen!“ Hilda verschwand hinter dem weißen Vorhang. „Bis gleich!“, rief sie aus dem Haus. Ihre Stimme hallte zu ihr und klang dabei fern und dünn.

„Ja", sagte Mirjam, als sie den Motor aus der Ausfahrt brummen hörte. Sie dachte an die Kröte. Vielleicht hätte sie doch versuchen sollen, die Würmer herauszuziehen. Vielleicht war es vorschnell gewesen, ihr einen Ziegel auf den Kopf fallen zu lassen. Aber die Würmer. Sie hatten so tief gesessen. Sie hatte fast spüren können, wie sie sich durch das zarte Fleisch fraßen, bis hinein ins Gehirn. Und die Augen. Die tiefe Traurigkeit darin. Sie hätte sie einfach nicht länger ertragen.

Dieses makellose Blau

Es beginnt in der Ecke oben links, beim Hochbett. Die Tapete verdunkelt sich, wirft schwarze Blasen, für einen Moment scheint alles still zu stehen, und dann fegt der Feuersturm das Zimmer fort.

„Mama, du sollst bauen!"

Ob sie die Schmerzen spüren würden? Oder geht es so schnell, dass das Nervensystem blockiert, bevor die Gefühle durchkommen?

Sie geht in die Küche und steckt zwei Scheiben Toast in den Toaster. Der Raum ist warm und gemütlich, alles okay hier. Alles okay. Der Frischkäse ist schon ein bisschen eingetrocknet, eine gelbliche Kruste, die am Rand der Packung klebt. Sie hebt sie hoch zu ihrem Gesicht und schnüffelt nach Spuren von Schimmel. Die weiße Masse riecht wie immer, kühl, salzig und metallen.

„Mama! Essen!" Die Freude in ihren Stimmen ist laut und grob, sie stupsen die kleinen Körper an ihren Körper, springen auf der Stelle, die Arme nach oben gestreckt, als könnten sie so irgendwie ändern, dass der Kopf da oben unerreichbar ist. Sie lächelt zurück, streicht über verstrubbeltes Haar, das Spiegeln von Emotionen ist so wichtig.

Die Sonne ist hell, der Himmel blau. So blau, als wäre dahinter nichts, keine Schwärze, die auf die Nacht lauert. Er wirkt so echt, dieser Himmel über ihnen. Dabei ist nichts an ihm wahr. Er ist bloß eine Hülle zwischen ihnen und der Wirklichkeit, der Düsternis des Weltalls und den brennenden Sternen.

„Schau mal, ein Hubschrauber“, sagt der Kleine und zeigt hoch. Sie schaut nicht hin, da oben fliegt nichts, sie kennt das schon. „Ja“, sagt sie. „Schön.“

Wieder kommen die Flammen, diesmal fegen sie über die Straße, schmelzen den Asphalt, sie kann sehen, wie er zu kochen beginnt. Sie kann nicht aufhören, darüber nachzudenken. Ob es einen Moment des Schmerzes geben wird?

„Guck mal, was ich kann!“ Der Große ist auf das Mülltonnenhäuschen geklettert. Sie schaut, die Hand über den Augen, so dass die Sonne ihr nicht die Sicht nimmt. Er breitet die Arme aus, der ganze Körper gestreckt, ein festgefügter Zellhaufen voller Spannung. „Ich fliege!“, schreit er und stößt sich mit beiden Beinen vom kieselbesetzten Waschbeton ab. Sie macht einen Schritt vorwärts und breitet die Arme aus. Sein Körper fällt auf sie mit Wucht, fast stürzen sie zu Boden, aber sie fängt sich mit einem weiteren Schritt auf.

„Hast du das gesehen?“ Sie trägt ihn weiter, hält ihn fest, und er nimmt ihr Gesicht in die Hände, seine Augen blitzen vor Stolz. Sie nickt und fragt sich, wie das eigentlich geht, dass die Augen so aussehen können, so voller Gefühl. Es sind doch am Ende nur gefärbte Fitzelchen, die ein schwarzes Loch umklammern. Sie lässt ihn langsam zu Boden gleiten und streicht ihm über die Stirn.

„Hast du gesehen?", fragt er noch einmal. Sie nickt und nimmt seine Hand. Den Kleinen greift sie mit der anderen und wuchtet ihn auf ihre Hüfte. Er ist schon so schwer, aber wenn sie ihn trägt, muss sie nicht darauf achten, wo er gerade hinläuft. Wenn sie ihm zuschaut, muss sie manchmal an einen schlecht programmierten Roboter denken, der hin und her irrt, Dinge aufhebt, wieder hinwirft, immer auf der Suche nach der Logik in seinem Programm.

„Wohin gehen wir eigentlich, Mama?" Der Große fragt ohne Argwohn in der Stimme. Eine reine Neugierde, an die sie sich gern erinnern würde, aber sie weiß nicht, ob sie sich je so gefühlt hat. „Einfach ein bisschen die Straße entlang", antwortet sie schließlich. Sie weiß, er würde nicht lockerlassen, wenn sie schweigt. Das hat er noch nie akzeptiert. Deshalb hat sie sich angewöhnt, das zu sagen, was nach den vielen Filtern, die sie für ihn zwischen ihre Gedanken und ihre Worte legt, noch übrigbleibt. Wir gehen einfach ein bisschen die Straße entlang, weil es nichts gibt, wohin wir gehen können, weil es kein Versteck gibt.

„Warum können Menschen eigentlich nicht fliegen?"

„Weil wir keine Vögel sind." Sie weiß, das ist nicht genug als Antwort. Sie will anheben und etwas über Gewicht und Röhrenknochen sagen, über das Verhältnis von Spannweite und Körpergröße. Aber es gelingt ihr nicht so recht, die Gedanken so zusammenzufügen, dass sie sie aussprechen mag.

„Du fliegst, die ganze Zeit“, hört sie sich schließlich sagen. „Wir alle fliegen im Weltall.“ Auf dieser winzigen Kugel, von der es kein Entkommen gibt.

„Cool!“, brüllt er und streckt seine Faust in die Luft. „Wie Superman! Wir sind alle Superman!“ Dann macht er sich los von ihrer Hand und klettert auf das Mäuerchen neben ihnen. „Fängst du mich auf der anderen Seite auf?“

„Ja“, sagt sie. „Natürlich.“ Sie blickt hinauf in den Himmel. In dieses makellose Blau.

Abfahrt

Seine Hand griff ins Leere. Scheiße. Automatik. Er rieb die Zähne aufeinander. Er wollte den Schaltknüppel aus dem gemütlichen vierten Gang zerren und in den Schlitz für den dritten rammen, oder sogar den zweiten. Den Motor aufheulen lassen, den Satz spüren, den das Auto machen würde, das willige Jaulen, den leichten Druck in die Ledersitze. Seine Handflächen schwitzten. Er rieb die rechte Hand an diesem hässlichen Stummel, den Automatikautos statt einer Schaltung hatten. Mit einem Sicherheitsknöpfchen, damit nicht irgendeiner dieser verblödeten Automatikfahrer aus Versehen am Automatikgetriebe rumschaltete.

Seine Finger krallten sich in die grobporige Lederummantelung. Am liebsten hätte er das ganze Ding rausgerissen. Stattdessen trat er das Gas durch, wenigsten ein kleines Jaulen wollte er. Der Wagen tat ihm den Gefallen, aber das Getriebe schaltete weich, ohne dass er etwas tun konnte.

Der Lichtkegel traf die rotweißen Pfeile der nächsten Haarnadelkurve. Er trat auf die Bremse, der Hintern des BMWs brach für einen Augenblick aus, ein Kitzeln jagte seinen Bauch hinab. Ja, du kleine Bitch, so hat dich noch keiner geritten, was? Sonst kriegst du immer nur diese tristen Vorstadtdaddys, die durch irgendeinen dummen Zufall bei Siemens die Karriereleiter raufgefallen sind und jetzt im Urlaub einen Siebener mieten, aber dann doch zu feige sind, es dir richtig zu besorgen.

Die nächsten Pfeile, er wartete bis zum letzten Moment, das kalte Licht ließ die Gesteinsbrocken am Abgrund scharf aufleuchten, dann riss er das Sportlenkrad herum.

„Wohooo!", schrie er den blau leuchtenden Anzeigen entgegen. Ja, das war doch was! Wie gerne hätte er jetzt ein bisschen harte Musik, vielleicht Metallica oder so etwas wie Motörhead. Irgendwas, das richtig an den Nerven riss, aber er hatte vergessen, sein Telefon anzuschließen. Und er wollte auf keinen Fall anhalten. Er ließ das Fenster herabsurren, die Nachtluft schoss herein, immer noch warm, würzige Kräuter, der Duft herausgebrannt von der erbarmungslosen Sonne, er roch ihre Hitze auch jetzt noch im Straßenstaub.

„Wohooo!!!", schrie er noch einmal, den Kopf aus dem Fenster gestreckt. Die Luft presste sich gegen den Mund wie ein Stück Frischhaltefolie, der Schrei kam halbgar, nicht so richtig hart. Er zog den Kopf wieder ein und ließ seinen Fuß vom Gas gleiten. Nein, das war es einfach nicht. Da konnte er sich noch so Mühe geben. Warum, verdammt, hatte er nicht darauf geachtet, was sie ihm für eine Karre vors Gate gestellt hatten. Solche Penner. Wer wollte schon einen Automatikwagen? Das war ihm noch nie passiert. Noch einmal trat er aufs Gas, um den Motor aufheulen zu lassen. Dieses halbgare Knurren. Fuck! Das war ja, wie in ein Kondom zu spritzen. Am liebsten hätte er die

Bodenplatte durchgetreten. Das fing ja richtig großartig an. Er spürte dieses Kribbeln in seinen Eiern. Wenn er was nicht richtig rauslassen konnte, dann ging das los.

Wie mit der Studentin neulich, die sich einfach nicht ficken lassen wollte. Was er auf die eingelabert hatte. Sie war ja mitgekommen in sein Hotel. Was hatte die denn geglaubt, was dort passieren würde? Ein bisschen an die Titten hatte sie ihn gelassen und meine Güte, was waren die geil gewesen. So richtig rund und saftig, fest und ein kleines bisschen, nur ein klitzekleines bisschen, hingen sie, wie sich das gehörte, wenn sie echt waren. Ihm war fast der Sack geplatzt. Und als er ihr an das Höschen wollte, da war einfach Schluss gewesen. Er hatte geknutscht und gefummelt, ihr irgendeinen Scheiß ins Ohr gesäuselt, wie schön sie ist, wie geil ihre Titten sind. Aber sie hatte ihn einfach nicht rangelassen. Sie hatte nur ein bisschen gelächelt und ihm über das Haar gestreichelt. Seine Eier hatten gekribbelt, als hätte er sie in einen Ameisenhaufen gehängt. Nur wegen dieser blöden Schlampe. Fast durchgedreht war er. Er hob eine Arschbacke, um sein Gewicht ein bisschen zu verlagern. Seine Chino klebte an seiner schwitzigen Haut. Er hasste dieses Gefühl. Und seine Eier kribbelten, es war zum Kotzen! Seit wann war eigentlich nicht mehr klar, was in Hotelzimmern passierte, wenn man nachts um vier nach einer Filmpremiere dort hinging? Zuerst hatte er ja gedacht, er habe den Hauptgewinn gezogen. Sie war auf jeden Fall in den Top Ten der Party gewesen. Lange Beine, so lang, sie war fast ein bisschen größer als er. Und keine von diesen abgemagerten Sternchen oder Influencer-Schlampen. Nein, mit diesen appetitlichen Brüsten und einem Hauch von einem Bauch. Wirklich nur ein Hauch, so ein zartes Hügelchen, das dann hinabglitt zur Muschi. Einfach geil. Am besten war aber ihr Arsch gewesen. Den hatte er zuerst entdeckt, als sie dort stand, an die Bar gelehnt, den Oberkörper leicht über den Tresen gebeugt, so dass ihr Po noch deutlicher hervorsprang, diese runden Backen unter dem engen schwarzen Kleid. Er nahm die nächste Kurve, riss das Lenkrad voll herum und hörte, wie der Kies unter den Hinterreifen wegspritzte. Er hatte es langsam angehen lassen, hatte zugehört. Er wusste, der durfte er nicht mit „Ich lad dich mal zu Testaufnahmen ein" kommen. Mit der war es nicht so einfach. Und das hatte ihn ja so gekickt. Dass er sich ins Zeug legen musste, dass sie nicht eine von denen war. Er drückte auf der Musikanlage rum. Es rauschte. Auf jedem Kanal rauschte es. Er drückte und drückte. Immer das gleiche Rauschen. Wieder dieses Kribbeln in seinen Eiern. Was war denn heute los? Er riss den Volume-Knopf ganz nach rechts. Nichts. Nur dieses Rauschen, hell und gleichgültig, ein Geräusch wie ein endloser grauer Brei. Er schaute auf die schwarzen Zahlen in dem bläulichen Leuchten. Er brauchte einen kurzen Moment, um zu erkennen, was anders war. Mittelwelle. Er lachte auf. Er schaltete auf UKW um. Ein plötzlicher Schmerz ließ ihn auf die Bremse treten. Die laut aufkreischende Stimme zerriss ihm fast das Trommelfell. Er schob den Regler nach links bis das Geräusch verstummte. Er schrie. „Verdammtes Scheißradio!“ Es half ein wenig gegen die Wut und den Schmerz.

Das Auto war leicht schräg am Straßenrand zum Stehen gekommen. Der Motor hatte sich ausgeschaltet und knackte leise unter seiner eigenen Hitze. Die Scheinwerfer leuchteten die verdorrten Gräser am Straßenrand an, dahinter zerrieselte das Licht im Dunkel der Nacht. Es gab dort nichts, was es noch anleuchten konnte. Irgendwo darunter musste der Abgrund sein. Und für einen Moment schien es ihm, als schwebe er. Als könnte er genau jetzt spüren, wie sie alle im leeren Weltraum hingen, ein kleiner Funken Leben im eiskalten Nichts. Es traf ihn wie ein Faustschlag, die Luft blieb ihm weg. Er atmete gegen den Schmerz. Diese Beklemmung, normalerweise kam sie nur bei Live-Aufnahmen. Wenn er wusste, jetzt ging es um was. Jetzt konnte er nicht mehr entkommen. Aber hier. In der Dunkelheit war es schlimmer. In ihm kroch eine seltsame Angst hoch. Die Angst, er könnte hier auf dieser Straße gefangen sein. Oder schlimmer noch. Er kam aus den Bergen, schoss mit quietschenden Reifen um die letzte Kurve auf die gerade Straße auf der anderen Seite. Und niemand war mehr da. Und alles, was ihm blieb, war, durch die Dunkelheit zu rasen, bis der Tank leer war.

Er lehnte sich aus dem Fenster, sog die Nachtluft in seine Nase und versuchte, etwas von der Welt da draußen zu sehen. Er konnte die Lichter der Stadt noch nicht erkennen. Es konnte nicht mehr weit sein, ein paar Kurven noch und das zittrige Orange würde sich unter ihm ausbreiten. Aber hier war er noch ganz im Dunkel. Wie tief es dort wohl hinunter ging, hinter der Kurve. Er drehte den Kopf, auch über ihm war das Schwarz undurchdringlich. Nur die Felsen direkt über der Kurve konnte er ausmachen, danach verlor sich der Hang. Die Nacht verschluckte die vielen Kurven, die er gerade hinabgefahren war. Mit einem Sprung fing sein Herz an zu schlagen, als sei es kein Organ, als habe er hinter seinen Rippen eine riesige Faust, die von innen auf ihn einhieb. Es befühlte seinen Oberkörper. Das Klopfen bewegte seinen Brustkorb auf und ab. Er kannte das Gefühl vom Sport und doch war es anders. Er nahm die Evian-Flasche aus dem Kühlfach in der Mittelkonsole und trank einen Schluck. Die Flasche klickte leise unter dem Druck seiner Finger.

Er zog sein Handy aus der Innentasche seines Leinensakkos. Keine Nachrichten. Er hatte ihr seine Nummer gegeben, auf einen Zettel vom Hotel gekritzelt. „Falls du mal in der Gegend bist“, hatte er gesagt. Vollkommener Schwachsinn, der Satz. Er spürte, wie die Scham seinen Nacken kitzelte, seine Haarwurzeln aufrichtete. In welcher Gegend? Er hatte ihr erzählt, dass er eigentlich die ganze Zeit unterwegs war, selten lange an einem Ort, was ja auch stimmte. Meistens. Sie hatte die Mundwinkel zu einem Lächeln hochgezogen. „Klar. Wenn ich mal in der Gegend bin", hatte sie gesagt und den Zettel in die Tasche ihrer Lederjacke gestopft. „Sonst bist du wohl eher so auf Instagram?" Er hatte genickt mit dem unangenehmen Gefühl, etwas nicht verstanden zu haben.

Er klickte auf das regenbogenfarbene Quadrat der App. 16.4 K Follower hatte er. Für einen Moderator ganz ordentlich, behauptete die Agentur immer. Er scrollte durch den Feed. Makro-Fotos von Blumen, kreischend pinke Sonnenuntergänge, Luftballons, Werbevideos. Er schaute, was der Grotjan hatte, sie waren ja immerhin gleich alt. So ungefähr jedenfalls. 26.2 K. Er machte ja auch immer diese Realityshows. Aber Zehntausend mehr? Er nahm noch einen Schluck aus der Flasche. Sein Herz schlug wieder etwas ruhiger. Er konnte nur noch ein leises Zittern erahnen, wenn er ganz genau darauf achtete. Er versuchte über sich zu lachen. HAHA, machte er. Aber es klang so hohl, dass er sich vor sich selbst schämte. Was war nur los mit ihm?

Musik. Sein Finger tippte auf die schwarz-grünen Linien der Spotify-App. Er hinterließ kleine Tröpfchen, die das Licht des Bildschirms in Regenbogenfarben zerriss. Da war doch dieses Lied gewesen, das ihr so gefallen hatte. Auf der Fahrt zum Hotel hatten sie es immer wieder gehört. Eine junge Frau sang, rau und keck. Was hatte sie noch immer wieder gesungen? *Why aren't you scared of me? Why do you care for me?* So ähnlich. Er tippte die Worte in den Suchschlitz. Aber die Ergebnisse waren nicht, was er wollte. Irgendwelche Playlists, die ihm nichts sagten. Er stöhnte. Warum klappte auch gar nichts. Das konnte doch nicht wahr sein. Sogar seine Eier waren still, sie konnten ja auch schlecht die ganze Zeit kribbeln, wenn die ganze Zeit nichts vorwärtsging. Aber dass sie jetzt still waren, war irgendwie noch verstörender. Wie taub sein. Oder stumm.

Wie war der Titel noch gewesen? Er konnte die Stimme hören, Fetzen von dem Lied. *I can't say no, no I can't say no,* so irgendwie sang sie. Und dieser Satz *I wanna end me.* Hatte sie den wirklich gesungen? Ich will mich beenden? Was sollte das denn heißen? Selbstmord? Aber warum? Und warum ein Lied darüber? Er rieb seine Hände über das Lenkrad. Er sollte einfach weiterfahren und das Ganze lassen. Aber er konnte nicht. Dieses Lied hatte sich in ihm festgebohrt, rumorte durch sein Hirn wie ein unersättlicher Wurm.

Er öffnete Google und tippte. *Why aren't you scared of me? Why do you care for me?* Da war es. Ein junges Mädchen, die Augen verdreht, die Haare merkwürdig grün, von Händen grob hochgerissen. Er ließ das Fenster hochfahren, die Nachtluft ließ ihn frösteln. Er tippte auf die bunte Video-Kachel. *Billie,* raunte die dunkle Stimme eines Mannes aus dem Lautsprecher. Ja, das waren die Trommeln, wie er sie erinnerte. *What do you want from me, why don't you run from me,* sang das Mädchen, die Stimme verzerrt, wie verdoppelt, verdreifacht. Er legte das Handy neben sich und drückte auf den Startknopf. Das Auto sprang an, der Motor so leise, dass er in dem Gesang und dem Klopfen der Trommeln unterging. Er trat leicht aufs Gas. Doch, ja, da war er, er hörte sein leises Surren. Knirschend rollten die Reifen zurück auf die Straße. Die Mittelstreifen zuckten im Kegel der Scheinwerfer auf und verschwanden unter ihm. Die Nacht blitzte auf, die vergangene, während er dem Lied zuhörte. *I wanna end me,* sang das Mädchen. Und *honestly, I thought I would be dead by now,* oder so ähnlich. Und *bury a friend,* immer wieder *bury a friend.* Und *What do you want from me?* Meistens verstand er die Texte nicht. Sein Englisch war nie besonders gut gewesen. Und das Lied, irgendwie ging es so schnell, dass er sich das nicht alles merken konnte. Es endete mit dem Rhythmus der Trommeln, nur leiser, wie aus einem fernen Radio. Er drückte den Backbutton seines Browsers und wieder raunte der Mann: *Billie.* Fast hätte er die nächste Kurve verpasst. Er riss er das Steuer herum, der schwere Wagen schwankte, bis er seine Spur wiederfand. Er stieß den Atem aus, seine Handflächen hielten das Steuer, er spürte die Feuchtigkeit an ihnen. Okay, jetzt erstmal ruhig. Er ließ den Wagen langsamer werden. Sein Mund war trocken. Durch seine Muskeln rauschte noch das leichte Zittern des Schrecks.

Wieder war das Lied zu Ende, aber plötzlich fing es von allein an. Seltsam, aber er verstand nicht immer, was da passierte, im Handy. Manchmal schien das Ding ein Eigenleben zu haben.

Diesmal war es anders, das Lied. Schneller irgendwie, die Stimme des Mädchens merkwürdig hoch. Die Trommeln klopften hektisch. Die Lichter der Stadt, sie mussten doch irgendwann kommen. Aber auch bei der nächsten Kurve versank das Licht der Scheinwerfer im Dunkel, ohne dass irgendetwas ihr Leuchten auffing. Diesmal ließ er das Lied vorbeirauschen, versuchte erst gar nicht, den Text zu verstehen. Er ließ sein linkes Bein in dem raschen Takt mittippen. Es gefiel ihm irgendwie, ja er konnte verstehen, warum sie es so mochte, eine Sehnsucht war darin oder war es eher eine versteckte Wut? Und wieder begann das Lied, diesmal wieder langsamer, die Stimme schien ihm nun fast dunkel und männlich. *Today I'm thinking about the things that are deadly*, hörte er sie singen. Auf einmal konnte er sie wieder sehen, fast als säße sie neben ihm. „So ein geiles Lied!", hörte er sie murmeln, den Kopf aus dem Fenster, die Augen geschlossen, das Gesicht umweht von dem dunklen Haar, das ihr bis über die Schultern reichte. Ihre Lippen hatten sich bewegt, zur Stimme im Lied. Er hatte eine Hand auf ihr Bein gelegt, hatte es gestreichelt, die Haut so weich und so glatt unter seinen Fingern. Sie hatte ihn gelassen, den Oberkörper aus dem Fenster gelehnt, ihr Gesicht dem Fahrtwind zugewandt.

Er glaubte, dass sie gelächelt hatte. Jetzt war er sich nicht mehr so sicher. Vielleicht hatte ihr Mund auch nur so ausgesehen, weil sie dieses Lied mitsang. Hatte sie das überhaupt gespürt, seine Berührung, so wie sie da war, ganz eingetaucht in den Fahrtwind und die Musik? Er schüttelte seine Hand, als könnte er jetzt noch ändern, wo sie gelegen hatte, als müsste er loswerden, was da passiert war.

Das Lied begann wieder von vorn. Jetzt würde er es verstehen. Er war sich ganz sicher. Er hatte es jetzt so oft gehört, und so schlecht war sein Englisch auch wieder nicht. Das musste doch zu verstehen sein, was das Mädchen da sang. *Come here, spit it out, what is it exactly.* Ja, jetzt hatte er es. *You're payin'? Is the amount ...* das bekam er wieder nicht mit, egal, vielleicht war das nicht so wichtig. Er konnte sich den Sinn auch zusammenreimen, wenn er genug verstand. Die nächsten Worte waren wieder klarer *The way I'm drinking you down ...* Er schlug mit der Hand aufs Lenkrad. Er wollte jetzt wissen, was diese kleine Fotze sang! Das konnte doch nicht so schwer sein! *Step on the glass, staple the tongue,* hörte er sie singen. Aber das konnte doch nicht sein, was sollte das Ganze denn. *What do you want from me? Why don't you run from me. What are you wondering. What do you know.* Das hörte er jetzt wieder ganz deutlich. Und schon wurde der Gesang wieder unverständlich. Aber da waren sie jetzt, die Lichter der Stadt, hell und wackelig, noch immer ein Stück entfernt, aber so weit war es nicht mehr. Ein paar Serpentinen noch, dann war er unten. Er ließ das Fenster wieder herunter. Frische Luft. Das würde ihm jetzt guttun. Was war das nur, normalerweise war es doch kein Problem für ihn. Es klappte halt nicht immer. Vielleicht war es auch nicht das Mädel gewesen. Vielleicht war es auch dieses Lied, das ihn so gepackt hatte. Er wurde das Gefühl nicht los, etwas nicht zu verstehen. So als stünde er mit dem Gesicht vor einer Felswand und konnte deshalb den Berg nicht sehen. Oder so ähnlich. Das hatte mal sein Yoga-Lehrer gesagt. Das Gequatsche nervte eigentlich. Aber dieser Satz steckte irgendwie fest in seinem Kopf. Hatte sich da eingenistet. „Weißt du, was dein Problem ist? Du stehst mit der Nase vor der Felswand und kannst den Berg nicht sehen." Hatte der Typ zu ihm gesagt. Mit diesem blöden Lächeln. Aber er war eben ein guter Trainer. Seine Muskeln waren noch nie so definiert gewesen. Und dieses Lied. Dieses Mädel. Die steckten ihm noch schlimmer im Hirn. Es musste doch irgendwie zu verstehen sein, was diese Frau sang. Und vielleicht verstand er dann auch, was da passiert war. Mit der kleinen Studentin. Mit ihm.

Der Gedanke war so einfach, dass er sich fast geschämt hätte. Er musste ja einfach nur den Text googeln! Er musste es gar nicht selber heraushören! Immer und immer wieder dasselbe Genöle anhören, um endlich drauf zu kommen, was sie da sang. Er lachte auf. Wie bescheuert von ihm.

Er nahm das Handy in die Hand und tippte auf den Screen. Der blau-violette Hintergrund blendete ihn. Er schaute auf und für einen Wimpernschlag wunderte er sich, warum ihm die Lichter der Stadt plötzlich so nah waren und seltsam hoch in seinem Blickfeld. Das Auto hing mit allen vier Reifen in der Luft, dann landete es krachend auf der Straße, das automatische Fahrsicherheitssystem stabilisierte das schlingernde Auto, er fühlte es im Lenkrad, wie der Computer immer wieder eingriff. Es floppte und rumpelte, irgendwas musste mit den Reifen passiert sein. Dann stand das Auto. Der Motor war aus. Nur seine Hitze klickte noch unter dem Blech.

Er drückte die Tür einen Spalt breit auf, mehr schafften seine zitternden Finger nicht. Die Kotze plätscherte hastig auf den Asphalt. Im gleichen Moment setzte das Lied zu einer neuen Schleife an. *Billie,* sagte die raue Männerstimme wieder. *What do you want from me,* antwortete die verzerrte Stimme der Frau.

Er drückte die Tür noch ein Stück auf und stieg mit schwankenden Schritten aus dem Auto. Er starrte in die Nacht hinaus, auf den von den Scheinwerfern erleuchteten Fetzen Straße und die Schwärze dahinter. Die Angst überfiel ihn wieder, dass das alles sein könnte, was es wirklich von der Welt gab, der Rest. Als wäre alles nur ein wilder Traum gewesen, und nun war er hier gefangen, auf einem Stück überhitzten Asphalts, bodenloses Nichts dahinter und für immer dieses Lied auf Repeat.

Hinter ihm bimmelte es, und als er sich umdrehte, sah er drei Schafe, oder waren es Ziegen, die ihn anstarrten. Sie nickten mit ihren Köpfen, immer wieder im Wechsel, als wollten sie ihm etwas sagen.

Sie standen um einen seltsamen Stein herum, der vom Berg auf die Straße gefallen sein musste. Vermutlich war es der gewesen, der ihn so aus der Bahn geworfen hatte.

Er ging ein paar Schritte näher zu den Tieren, große wollige Wesen mit kahlen Köpfen und langen hängenden Ohren.

Der Stein stöhnte. Und dann sah er auch das Blut, das sich schimmernd auf der Straße ausgebreitet hatte wie das Öl aus einem leckgeschlagenen Motor.

Er wollte schreien, sich die Hände vors Gesicht schlagen, hinrennen. Wegrennen. Aber er stand ganz still und die Erkenntnis sickerte von seinem Gehirn in alle Zellen seines Körpers, verteilte sich durch die Nervenbahnen, überzog seine Haut mit einem schmerzhaften Kribbeln. Er hatte jemanden überfahren. Die Polizei. Krankenwagen. Er sehnte sich danach, dass jemand kam und hier aufräumte, den blutenden Körper in saubere Tücher hüllte und mit einem hoffnungsvollen Lalülala und Blaulicht ins Krankenhaus fuhr, wo in einer schwierigen, aber erfolgreichen Operation alles wieder zurechtgerückt würde, was kaputtgegangen war. Ihm würde jemand eine dieser goldig glänzenden Decken umhängen und ihm mitfühlend einen Becher Kaffee reichen.

„Der muss ja vollkommen aus dem Nichts gekommen sein", würden sie sagen. Oder was man in der Sprache hier halt sagte, und er würde nicken und sie ihre Arbeit machen lassen.

Aber dann fiel ihm der Wodka ein, den er im Flugzeug getrunken hatte. Und in der Bar vor dem Abflug. Und die Flasche Grey Goose, die er noch im Duty Free gekauft hatte.

„Hallo?", sagte er und ging noch ein paar Schritte näher, vornübergebeugt, die Füße sachte aufsetzend, so wie man sich einem scheuen Tier nähern würde. Ein leises Gurgeln war die Antwort. Er sank auf die Knie und kroch weiter auf allen Vieren vorwärts, dann vorsichtig um das Blut herum, bis er beim Kopf angekommen war.

Es war ein Mann, nicht mehr jung, aber auch nicht richtig alt. Er trug eine filzige Weste, in der noch Strohreste hingen und eine fleckige Jeans. An den Füßen fehlte einer der Turnschuhe. Er schaute ihn an, aus seltsam blauen Augen. Das Gesicht war von einem stoppeligen Bart überzogen. Aus dem Ohr, der Nase, dem Mund sickerte Blut. Jeder Atemzug des Mannes erzeugte ein unangenehmes Geräusch, matschig und knackend.

Er dachte an das Handy in seiner Tasche, an Krankenwagen und Hubschrauber, an Klinikbetten mit gestärkten weißen Laken. Er dachte an den Wodka.

„Wo bist du nur hergekommen?", sagte er und legte dem Mann die Hand auf die Schulter, als hätte er ihm gerade aus Versehen in einer Bar auf den Fuß getreten. Und so fühlte es sich auch an. Er hatte doch nichts getan, nur versucht, dieses verdammte Lied zu verstehen. Dieses verdammte Dreckslied. „What do you want from me?"

Ein Nachtfalter setzte sich auf den blutigen Mundwinkel und stocherte mit seinem Rüssel in dem feuchten Blut herum. Er versuchte ihn wegzuscheuchen. Dann packte er ihn bei den Flügeln und schmiss ihn in die Dunkelheit. Für einen Moment schaute er ihm nach. Ob er wiederkommen würde. Er stellte sich vor, wie eine Wolke von Nachtfaltern über dem Körper neben ihm herabsank und ihn ganz und gar verhüllte.

Als er wieder hinschaute, blickten die Augen anders. Sie suchten nicht mehr. Es war, als hätte jemand die Linse zerknickt und das Zucken des Augapfels ausgeknipst. Als er sich über den Körper beugte, roch er den Alkohol. Alt und neu. Im verdorrten Gras glitzerte eine Schnapsflasche.

„Du hast hier auf der Straße gelegen, du alter Säufer", flüsterte er und lachte tonlos. Er hätte vermutlich gar nichts machen können. Aber was half das. Hier lag jetzt eine Leiche.

Er hatte natürlich schon gehört, dass tote Körper schwer zu tragen sind, aber dass es fast unmöglich war, das hatte er nicht gewusst.

Die Schafe waren noch immer da, sie hatten sich ein paar Meter ins Gebüsch zurückgezogen. Hin und wieder bimmelte eines ihrer Glöckchen, und er konnte das Schimmern eines Auges erkennen.

„Ihr könnt mir ruhig mal ein bisschen helfen", sagte er und überlegte, ob das nicht vielleicht eine witzige Filmszene wäre. In *Breaking Bad* oder etwas Ähnlichem. Der unabsichtliche Mörder verfolgt von Schafen, mit denen er sich unterhält.

Mit dem Seil ging es. Er hatte das Abschleppseil aus dem Kofferraum um die Füße gebunden, und nun zog er den Körper hinter sich her. Er wusste, er musste sich beeilen. Denn irgendwann würde der Nächste hier die Straße entlangfahren.

Die dornigen Büsche verfingen sich immer wieder in den Kleidern des Schäfers, aber er riss einfach so lange, bis es weiterging. Das Lied war nun der Rhythmus seiner Arbeit geworden. *Say it, spit it out, what is it exactly.* Die Worte machten drei Schritte, dann begann die Zeile in seinem Kopf von vorn. *Say it, spit it out, what is it exactly.* Drei Schritte mehr. Und wieder von vorn.

Der Himmel schien dunkelgrau zu werden, aber vielleicht bildete er sich das auch ein. Er hatte das Gefühl für die Zeit verloren. Und er wollte sie auch nicht mehr wissen. Er wollte dieses Ding so weit wegbringen, wie es ging.

Er kam nicht weit. Wenige Meter nach der Böschung knickten seine Beine unter ihm ein. Schweiß rann seine

Schläfen hinab, hatte sein Haar durchnässt, tropfte ihm in den offenen Hemdkragen, rann seinen Brustkorb hinab, den Bauch mit seinen Muskeln, von denen er gedacht hatte, dass sie ihm mehr nützen würden.

Als er sich umschaute, hatte er das Gefühl, das Auto berühren zu können. Er hätte nur die Hand ausstrecken müssen. Er ließ sich in den Staub sinken.

Why aren't you scared of me?
Why do you care for me?
When we all fall asleep,
where do we go,

hörte er die Frau singen und er konnte gar nicht glauben, dass er es tatsächlich nicht verstanden hatte, was sie da sang.

Er hatte es so klar vor sich gesehen. Den Körper den Hang ein Stück hinunterziehen, beerdigen und viele Steine auf die Erde, damit kein wildes Tier ihn ausgraben konnte. Das Blut auf der Straße wegspülen, wenn er nicht genug Wasser hatte, den Rest mit dem Staub aus dem Straßengraben bedecken. Dann in die Stadt fahren zu der alten Tankstelle am anderen Ende und nachschauen, was am Auto kaputt war.

Es war ihm so klar gewesen, was zu tun war.

Er blickte auf und sah, dass der Himmel begann, sich grau zu färben. Die Vögel begannen ihr Morgenlied.

My limbs all froze and my eyes won't close.

Er streckte die Beine aus und stützte seinen schwer gewordenen Körper auf die Arme. Er wollte gern weinen, aber es passierte einfach nicht. Der Körper neben ihm war noch warm, das konnte er fühlen. Aber die Schafe waren verschwunden. Nur ganz in der Ferne, schien es ihm, läuteten die Glöckchen manchmal.

Er wusste, früher oder später würde jemand die Straße entlangkommen. Nun, wo es hell wurde. Und er würde hier sitzen, neben einer Leiche, der er sein Abschleppseil um die Knöchel gebunden hatte. Er sah es vor sich, wie sie ihn finden würden. Das Lachen schoss aus ihm heraus wie aus einem geplatzten Rohr.

Er würde hier sitzen, voller Staub und Schweiß, das Blaulicht würde sich im trocknenden Blut spiegeln, und sie würden ihn fragen: „Was machen Sie denn hier? Que pasa?“ Irgend so etwas.

Und was würde er sagen? Würde er von ihr erzählen? Denn natürlich, was würde das schon bedeuten, was hatte sie damit zu tun. Aber wie war es ohne sie zu erklären. Es machte ja alles überhaupt keinen Sinn, ohne von ihr zu sprechen. Aber vielleicht war es genau das, schoss es ihm durch den Kopf. Menschen tranken. Menschen lagen auf Straßen und wurden überfahren. Männer trafen Frauen auf Partys und verstanden nicht. Vielleicht gab es nicht mehr Sinn als das.

Die Sonne kroch langsam über den Horizont. Ein kleines Stück der Scheibe leuchtete über die ausgedörrte Ebene vor ihm. Er hatte es ja eigentlich geschafft. Die Berge waren schon hinter ihm gewesen. Langsam legte er sich ganz auf den Boden, so war die Sonne für ein paar Minuten noch nicht zu sehen. So dauerte die Nacht noch einen Moment. Auch wenn die Vögel schon sangen, für ihn dauerte sie nun noch ein wenig länger.

Er schloss die Augen und stellte sich vor, seinen Kopf in ihren runden Schoß zu legen, ihr Kleid duftend nach Schweiß und Rauch und allem, was eine Nacht in sich trägt, aber keinen Namen hat.

Das Schattenmal

Die Bäume zeichneten Schatten in das helle Sonnenlicht. Der Wind schob die Zweige hin und her und ließ sie auf der weißen Wand tanzen. Ein Theater. Nur war fast unmöglich zu verstehen, was sie sagen wollten.

Das war ihr schon einmal so gegangen, das wusste sie noch. Damals, in der kleinen Stube, vor der ein Walnussbaum stand. Aber wo war das gewesen? Sie konnte sich nur an den Baum erinnern und an ihre Traurigkeit, dass sie das Schattenspiel nicht verstand. Oder war sie wegen etwas anderem traurig gewesen? Es fiel ihr nicht mehr ein. Nur die Traurigkeit.

Hier war es heller, die Wände weißer, das Fenster größer. Wo war sie? Und wo war das andere Haus gewesen?

Ein Spatz zerriss ihre Gedanken mit seinem schrillen Getschilp. „Ein Spatz“, flüsterte sie. „Ein kleiner Dreckspatz, mein kleiner, süßer Fratz“, murmelte sie. Die Worte kamen ihr ganz selbstverständlich über die Lippen. Aber sie wusste gleich, dass es nicht ihre waren. Sie hatte sie irgendwann gehört. Jemand hatte sie zu ihr gesprochen, mit sanfter Stimme. Die Worte rochen nach Seifenschaum und feuchten Kleidern.

Sie befingerte die Decke, die auf ihr lag. Steifes weißes Leinen, nein, Baumwolle, so hart von Stärke, dass die Falten scharfe Kanten hatten.

Sie blickte auf den Arm, der auf dem Stoff ruhte und brauchte einen Moment zu erkennen, dass es ihrer war. Erst als er unter ihren Gedanken zuckte und sie ihn befühlte, verstand sie, dass dieses faltige Stück an ihr festgewachsen war. Wie war das nur gekommen? Der Schreck kam erst, als sie die Flecken entdeckte, die über ihre Hand gestreut waren, wie flachgedrückte Rosinen. Sie rieb darüber, aber sie verschwanden nicht, nein, sie schienen noch dunkler zu werden, während sie die Haut hin und her schob. Was war das bloß? War sie krank?

Sie blickte zu den Schatten an der Wand, die nun ruhig dalagen. Der Baum, der die Schatten warf, war nicht zu sehen, er lag versteckt hinter dem Fenster und doch war er da.

Aber die Schatten schwiegen und halfen ihr auch nicht weiter. Diese Flecken. Sie rieb wieder darüber, aber nichts passierte. Sie würde sich waschen gehen müssen. Sie war doch immer schon ein Dreckspatz gewesen. Sie wusste auch nicht, wie es zuging. Immer endete es damit, dass sie schmutzig nach Hause kam und sich fürchten musste.

In der Ecke des Zimmers war ein Waschbecken, klein mit einer angeschlagenen Ecke, die grau unter der weißen Glasur hervorguckte. Sie befühlte die schartige Kante, das raue Material und die glatte Haut darüber. Sie machte ihre Hände nass und nahm das Seifenstück in die Hände. Schaum quoll zwischen den Handflächen hervor, weiß und glitschig, dass es sie ekelte, und auf einmal war es ihr, als rieche sie etwas Fischiges. War das noch ein Seifenstück zwischen ihren Händen? Sie ließ es fallen. Doch, es war Seife.

Aber der Schatten eines Bildes war haften geblieben, hinter ihrem Auge. Etwas, das durch ihre Hände glitt, immer wieder, das sie abschütteln wollte, aber es ging nicht, bis schließlich alles überzogen war von dem weißen Schaum und sie weinen musste. Sie versuchte das Bild hervorzuzerren, es scharf zu stellen, aber es entwischte ihr immer wieder. Zog sich zurück in die dunklen Ecken ihres Kopfes. So verwaschen war das Bild. Eine Ahnung oder vielleicht ein Traum. War es wirklich geschehen? Noch einmal versuchte sie, die Erinnerung zu packen, aber dann sah sie es. Dahinter. Ein schwarzes Loch. Tiefer als die Schatten. Und sie wusste, wenn sie dorthin ging, dann war es um sie geschehen. Dann würde sie nicht wiederkehren. Sie ließ das Bild los, und es flatterte davon.

Sie schaute auf die Seife, die im Waschbecken lag, das Wasser floss und spülte alles fort, jedes Bläschen Schaum. Nur ihre Hände waren noch ganz voll davon. Sie hielt sie auch unter das Wasser. Heiß war es. So heiß, dass es guttat, denn jetzt würde der ganze Schaum verbrennen, nichts würde davon mehr übrig bleiben. Ihre Hände wurden rot, aber der Schaum, er war tatsächlich fort.

Die Flecken. Da waren noch immer diese Flecken. Was konnte sie nur tun? Sie hob den Kopf, um nach Hilfe zu schauen. Aber da war nur dieses alte Weib und starrte sie an. Was sie nur wollte? Ganz weiß war ihr Haar, strähnig hing es ihr um die Stirn. Aber die blauen Augen, die kamen ihr seltsam bekannt vor. Ob sie etwas mit den Schatten zu tun hatte? Es schien ihr möglich. Irgendwas in diesen Augen sagte ihr, dass sie mehr wusste, als sie zugeben wollte. Sie starrte ihr direkt ins Gesicht, als wollte sie sagen: Was willst du denn? Ich weiß es, ich weiß alles. Aber sagen werde ich es dir nicht.

Nein. Von der da war keine Hilfe zu erwarten. Sie wand sich ab und ging zum Fenster. Endlich konnte sie den Baum sehen. Sanft und grün stand er dort. So wie der Baum in dem anderen Zimmer. Von dem sie nicht wusste, wo es war. Seine fingrigen Blätter wiegten sich sanft im Wind, und da wusste sie, dass er gern angefasst werden wollte, seine Blätter hätte sie streicheln sollen. Das hatte er sich gewünscht. Deshalb dieser Tanz mit seinen Zweigen. Das hatte sie vorher nicht verstanden. Aber jetzt war es ihr ganz deutlich. Wie seltsam, dass sie das vorher immer überhört hatte.

Sie öffnete das Fenster und erschrak. Es war viel kälter, als sie gedacht hatte. Die Sonne schien, aber der Wind war eisig. Sie merkte, dass sie nur ein weißes Hemd trug. Eckig hing es an ihr, die Knöpfe waren aus billigem Plastik. Sie konnte nicht glauben, dass sie sich das ausgesucht hatte. Aber es war ja jetzt ganz gleichgültig. Sie streckte ihre Hand aus. Die Blätter waren weit entfernt. Viel zu weit, um sie zu berühren. Und da kroch der große

Schatten näher. Der, von dem sie wusste, dass es keine Wiederkehr gab, wenn sie einmal hineingeblickt hatte. Das war noch lauter als der Ruf der Blätter. Schau nicht in den Schatten. Zu tief ist er, zu dunkel.

Und dann verstand sie. Sie kam sich ganz dumm vor, dass sie es nicht gleich begriffen hatte. Sie musste fort. Es reichte nicht, den Baum zu streicheln. Er rief sie, dass sie zu ihm kommen sollte, fort von dem Schatten. Schau dich an, raunte er ihr zu. Schau dich an. Du hast alles, was du brauchst. Du musst es nur tun.

Der Baum zeigte auf sie und lachte. Endlich konnte sie es auch sehen. Das war kein Hemd an ihren Armen, das waren ja Flügel. Sie brauchte sie nur zu benutzen. Hätte sie das nur vorher verstanden. Aber sie war doch nur ein kleiner Spatz, der nicht begriffen hatte, was er in den Händen hielt. Sie breitete die Arme aus, es war ja ganz leicht, wenn man es einmal verstanden hatte. Nun war das Fliegen ganz und gar ein Teil von ihr, eine Selbstverständlichkeit.

Das Tier

Nach fünf, sechs Stößen wurden ihre Gedanken leerer. Die Worte flossen aus ihr heraus, wurden zerhackt von dem Auf und Ab. Hier und da zuckten Bilder durch ihren Kopf. Eine zerbrochene Tasse, Scherben. Der Briefkasten voller Post.

Wenn sie bei 20 angekommen war, war der Rhythmus ihr Gedanke. Sie dachte an den nächsten Stoß, an den nächsten Zug. Rauf und runter, rauf und runter. Die Pumpe war schwergängig. Ließ keine fließende Bewegung zu, nur eine zweigeteilte. Rauf, runter, rauf, runter, rauf. Das Brennen setzte bei etwa 40 ein. Es blieb eine ganze Weile. Es steigerte sich schnell, begleitet von einem Kribbeln, das im Handwurzelmuskel begann und sich dann den Arm hocharbeitete. Wenn sie die 200er-Grenze durchstieß, verschwanden die Gefühle. Dann wechselte sie die Seite. Der linke Arm ermüdete eher als der rechte. Sie achtete darauf, dass sie mit jedem Arm die exakt gleiche Anzahl von Stößen durchführte. Was konnte der rechte Arm dafür, dass der linke nicht mehr konnte.

Sie schaute auf das Wasser, das sie mit ihren Bewegungen aus der Tiefe hervorpumpte und das dann auf das Holz vor ihr klatschte, Schwall für Schwall im Takt ihrer Stöße und Züge am Pumpschwengel. … 78, 79, 80 … Das Wasser war weiß, wenn es aus der Öffnung hervorquoll. Sobald es auf das Holz aufgeschlagen war und weiterfloss, wurde es durchsichtig. Nur ein paar kleine Bläschen zeugten noch vom Aufruhr Sekundenbruchteile zuvor.

Sie schaute auf das Brett vor sich und sah, wie sie ihre kleine Hand in das Wasser auf der Holzplatte legte. Sie klatschte darin herum, kleine Spritzer stieben auf. Die Fingerknöchel waren durch Punkte im Fett markiert. Wie mit einem Nagel in das Gewebe geschlagen, nur ohne Blut. Die Haut, die die Hand umspannte, war braun. „Viel zu braun!", hatte die Kinderärztin gesagt. „Unter einem Jahr soll die Haut niemals der direkten Sonne ausgesetzt werden." … 102, 103, 104 … Der gelbgeblümte Sonnenhut blitzte in ihrem Blickfeld auf. Ein Geschenk ihrer Mutter, irgendwann, Wochen nach der Geburt.

„Los, geh runter", sagte sie. Aber sie hörte nicht auf sie. „Da unten ist doch auch Wasser." Sie hörte ihre eigene Stimme wie einen vorbeifliegenden Schmetterling, der ohne Halt durch die Luft taumelte. Sie blickte von der kleinen Erhöhung, auf der die Pumpe stand, über den Spielplatz und dann wieder zu ihr. Die blauen Babyaugen trafen ihren Blick. Es war ein tiefes Blau, so wie das Meer im Fernsehen. Irgendwann würde sicher das Braun siegen, die Augenfarbe, die von ihr kam. Ihr war, als packte etwas ihre Kehle von innen und drückte zu. Sie hustete.

„Jetzt geh schon", sagte sie. Sie blickte hinüber zu den leeren Holzbänken. Es war früh, der Spielplatz leer. Sie gingen nur noch vormittags hierher. Gleich nach dem

Aufstehen. … 198, 199, 200 … Sie schüttelte den linken Arm aus. Dann nahm sie das Metall in die rechte Hand und begann von vorn. Das Ziehen in den Armmuskeln meldete sich sofort. Bei etwa 30 würden auch ihre Bauchmuskeln zu schmerzen beginnen, kurz vor dem nächsten Armwechsel würde das Gesäß anfangen zu kribbeln. … 10, 11, 12 … Es war gleich 10 Uhr. Bei 50 setzte sie aus, öffnete die gelbe Tupperdose mit den Apfelstücken und stellte sie auf den Boden.

„Komm, iss was", sagte sie zu ihr. Sie sagte „da" und patschte mit den Händen in das Plastikgefäß. Hatte sie die Feuchttücher eingepackt? Sie pumpte weiter. … 57, 58, 59 … Sie saß vor der Pumpe auf der Erde, die von unzähligen Kinderfüßen plattgetrampelt worden war, und drückte ihre Fingernägel in ein Apfelstück. Die Beine mit den Fettringen hatte sie von sich gestreckt.

„Lass das. Das ist Essen", sagte sie. „Du sollst das essen." Sie hielt das Apfelstück hoch und lachte. Vier Zähne leuchteten aus dem Zahnfleisch wie Klippen in einem rosafarbenen Ozean. „Da", sagte sie wieder. … 93, 94, 95 … Sie hatte keine Kraft mehr. Sie schaffte es nicht mehr, den Schwengel nach oben zu ziehen. Das Fett an ihrem Hintern zitterte. Sie hatte die Kontrolle verloren. Sie spürte ihre Beine nicht mehr. Sie schwebte über dem Boden, ohne fliegen zu können. Sie setzte sich auf die feuchten Steine, in die die Pumpe eingemauert war, und schaute hinauf. Zwischen den Schatten der Bäume zogen Wolken über den Himmel, die Bäuche zerfranst, als hätte jemand seine Klauen hineingeschlagen.

Krabbeln konnte sie noch nicht. Sie schob sich seitlich über den Boden, das linke Bein aufgestellt. Sie stieß sich damit ab und bewegte so ihren Körper vorwärts. Sie kam auf sie zu. „Jetzt iss doch mal was." Sie zeigte zu der gelben Tupperdose und sagte: „Lecker NamNam." Sie hörte auf, vorwärts zu robben. „Da", sagte sie wieder und zeigte auch zur Dose.

Das Zittern ließ langsam nach. Sie zog das Telefon aus ihrer Gesäßtasche. Es war 10 Uhr 17. Sie blickte auf das Leuchten des Displays und öffnete mit einem Wisch den Bildschirm. Bunte Quadrate. Sie tippte auf das blaue. Keine Internetverbindung. Sie hatte ihr Guthaben aufgebraucht. „Abzocker", dachte sie. Gern hätte sie das Telefon von sich geschleudert. Sie wog es in der Hand. Das Glas hatte zwei Kratzer. Sie strich über die glatte Oberfläche und spürte die Rauheit der Vertiefungen. Der Home-Button war abgewetzt. Das Rosa der Hülle erinnerte sie an früher. An ihr Hello-Kitty-Etui. An Sommer im Freibad. An den pinkfarbenen Smiley, den ihre Lehrerin einmal unter den Aufsatz gemalt hatte. „Geht doch!", hatte sie daneben geschrieben. Der Smiley hatte sogar eine Blume hochgehalten.

Das Törchen quietschte in den Angeln. Zwei Frauen kamen, jede hatte ein Baby vor den Bauch gebunden, eine führte dazu noch einen Jungen an der Hand. Vielleicht war es auch ein Mädchen. Auf dem Kopf trug das Kind eine Mütze mit Nackenschutz. *I'm your Man* stand auf seinem T-Shirt. Die Frauen schauten zu ihr und dem Kind herüber und sagten etwas zueinander. Sie wischte mit dem Ärmel über das Glas und schob das Telefon zurück in die Hosentasche. „Komm, Zeit zu gehen", sagte sie. Sie schob ihrer Tochter die Hände unter die Arme und trug sie zum Kinderwagen. Ihre kleinen Beine strampelten haltlos in der Luft, doch sie schwieg. Als sie sie in den Wagen setzte, sagte sie noch einmal „da" und zeigte zur Pumpe. „Tut mir leid. Wir müssen gehen", murmelte sie und klippte die Gurte fest.

Sie holte ihr Portemonnaie hervor. 2 Euro 59 Cent. Sie schob den Wagen zu einer Bäckerei. Eine Brezel kostete 60 Cent. Der Kaffee kostete 2 Euro 20 Cent. Sie kaufte die Brezel und aß drei Stückchen von dem Probierkuchen. Die Verkäuferin schnalzte mit der Zunge. Sie ging hinaus, ohne sich zu verabschieden. Sie entfernte die Salzkörner und brach das Gebäck entzwei. „Hier. Iss was. Lecker NamNam," sagte sie und reichte die eine Hälfte unter die Sonnenhaube. Das Kind atmete tief aus. Dann war es still. Sie nahm die restliche Brezel aus der Papiertüte und biss hinein. Der Teig klebte ihr am Gaumen, und kurz geriet sie in Panik, vielleicht würde das jetzt für immer so bleiben, dieses verklebte Gefühl. Aber nach ein paar Atemzügen zog die Angst doch wieder vorüber.

Sie schob den Wagen durch die leeren Straßen, Richtung Einkaufszentrum. In der Ferne sah sie ein Paar aus einem Hauseingang kommen. War er das? Die Frau kannte sie nicht. „Willst du das wirklich?", hatte er gefragt. „Ich weiß nicht. Ja", hatte sie geantwortet. „Wenn du willst." Er hatte mit den Schultern gezuckt und gelächelt. Er hatte sie in den Arm genommen. Sie schloss die Augen. Das Gefühl seines Hemdes an ihrer Wange blitzte auf. Er hatte sie auf den Scheitel geküsst. Auf die Stirn. Auf den Mund. Irgendwann hatte er nicht mehr angerufen. Da war es schon zu spät gewesen.

Nein, das war er nicht. Er ging anders, irgendwie hüpfender, fröhlicher. Als wollte er gleich tanzen. Der Mann dort vorn schlurfte mehr. Sein Arm hing über der Schulter der Frau, als sei er ein Kriegsverletzter, den sie in Sicherheit schleppte. Sie bogen ab, und die Straße vor ihr war wieder leer.

Die Glastür schloss sich hinter ihr mit einem Surren. Die Luft war kühl und klar. Sie hörte leise Musik. Stimmen hörte sie keine. Um diese Zeit war das Einkaufscenter leer. In den Geschäften standen ein paar Verkäuferinnen. Sie mochte das Licht hier drinnen. Es war hell und gleichzeitig weich. Es war wie an einem Sommerabend. Nur ohne die Hitze, ohne den Schweiß, ohne die Mücken. Sie schob den Wagen in das Innere, dort, wo der große Platz war und der Springbrunnen. Sie setzte sich auf eine Bank und holte ihr Telefon heraus. Sie hatte seine Nummer noch immer eingespeichert. Er hatte sein Foto bei WhatsApp geändert. Er hatte sich selbst in einem Spiegel fotografiert. Das Blitzlicht verdeckte sein Gesicht. Stattdessen hielt er den nackten Oberarm in die Kamera. Darauf war ein fauchender Tiger tätowiert.

„Entschuldigen Sie!“ Sie fuhr zusammen. „Möchte Ihre Tochter auch einen?“ Eine Blondine mit einer roten Haube im Haar hielt ihr einen ebenso roten Ballon entgegen. Die Frau lächelte. Ihre Gesichtsfarbe erinnerte sie an die Marzipanschweinchen, die es zu Silvester gab.

Sie schob das Telefon unter ihren Hintern und nickte. Sie merkte, wie ihr das Blut ins Gesicht stieg. Die Frau bückte sich hinunter. „Na, du Süße?“, sagte sie. „Magst du auch einen Ballon haben, ja?“ Sie wickelte das Band des Luftballons um den Griff des Kinderwagens. Dann streichelte sie dem Kind über die Wange. „Wie heißt du denn?“ Die Frau schaute zu ihr herüber. Sie räusperte sich. „Delila“, sagte sie. „Sie heißt Delila.“ Sie stand auf, steckte das Telefon in die Tasche und strich sich über die Hose. „Wir müssen jetzt auch los.“

Sie schob den Wagen aus dem Einkaufscenter ohne sich umzudrehen. Als sie die große Straße davor überquerten, hüpfte der Ballon davon. Immer wieder federte er auf den Asphalt. Auf der Verkehrsinsel blieb er kurz liegen, bis der Fahrtwind eines LKWs ihn weitertrieb.

„Da! Da! Da!“, rief sie. Sie streckte die kleinen Finger aus, als könne sie den Ballon greifen, ihn irgendwie aufhalten. Sie hatte noch keine Ahnung davon, wie chancenlos das alles war. „Ja, da fliegt der Ballon", antwortete sie. Ein Jammern kam aus dem Wagen. Sie wusste, sie hätte etwas anderes sagen sollen. Nur was, das wusste sie nicht. Nie wusste sie das. Obwohl so oft dieses Gefühl blieb. Nicht genug gesagt zu haben. Nicht das Richtige. Sie machte den Deckel von der Nuckelflasche und reichte sie ihr in den Wagen. „Hier", sagte sie. „Trink doch was." Die Flasche war halbleer. Sie hatte vergessen, sie am Wasserspender im Einkaufszentrum aufzufüllen. Sie schaute in ihre Tasche. Darin waren noch drei Butterkekse und ein Stück Brezel. Ganz am Boden fand sie noch ein Kaugummi. Juicy Fruit. Sie wickelte es aus und schob es sich in den Mund. Es zerbrach dabei. Sie kaute, bis die Spitzen alle weg waren. Die Süße kribbelte auf ihrer Zunge. Speichel schoss ihr in den Mund.

Sie bog ab, dorthin, wo das stillgelegte Kieswerk war. Es war nicht weit. Sie ging durch Straßen mit Reihen- und Doppelhäusern. Manchmal standen Kinderfahrräder neben den Eingängen. Grüne Hecken grenzten die Gärten zur Straße ab. In einem Vorgarten standen bunte Windräder. Fünf Stück. Sie zählte sieben Farben, jeder Flügel hatte eine andere. Rot, Orange, Gelb, Grün, Blau, Lila, Rosa.

„Schau mal", sagte sie. „Da", antwortete sie. Die bunten Scheiben wirbelten. Sie zitterten auf ihren Stäben, als wollten sie gleich abheben, losfliegen, über die Stadt, fort, Richtung Süden. „Da", sagte sie wieder und lachte. „Ja, schön, nicht wahr?", antwortete sie. Und etwas huschte durch sie, die Erinnerung an Wärme und Leichtigkeit.

Die Stadt endete plötzlich. Die asphaltierte Straße ging in einen Schotterweg über. Das war alles. Da war es vorbei mit der Stadt, ohne dass es vorher zu erkennen gewesen war.

Der Weg war gesäumt von den Büschen, die aussahen wie Flieder, aber keiner waren. Schmetterlinge hängten sich mit ihren Spinnenbeinen an die Blütentrauben. Dort erstarrten sie für ein paar Sekunden, dann flatterten sie weiter. Die Blüten nickten, wenn das Gewicht der Tiere sie verließ.

Die Hitze sammelte sich zwischen den Steinen. Die Maschinen waren schon lange abtransportiert. Die Kieshügel waren noch da. Es war still. Ein Stein kullerte in den Abgrund zwischen den Haufen. „Klickklickklick", machte es. Ein Vogel antwortete dem Stein mit einem heiseren Schrei. Die Baracke stand noch. Ihr Vater hatte hier eine Weile gearbeitet. Er hatte den Bulldozer gefahren. Er hatte die Hügel aufgeschüttet, verschoben und wieder abgetragen, wenn der Kies verkauft war. In der Baracke hatte es Kaffee, Bier und Brause gegeben. Sie hatte ihn manchmal besucht, nach der Schule. Sie hatte in der Baracke gesessen, Brause getrunken und ihm durch das Fenster zugeschaut, wie er die Steine herumfuhr.

Die Scheiben waren eingeschmissen. Jemand hatte die Bretterwand besprüht, eine Ansammlung bauchiger

Buchstaben. Sie verstand nicht, was sie bedeuten sollten. Sie erkannte ein B und P. Aber zusammen machte das Gewirr keinen Sinn. Sie bog ab, zwischen ein paar Birken. Sie mochte Birken. Sie sahen so leicht aus. Gar nicht wie Bäume. Mehr wie ein Stück vom Himmel.

Im Wald fing sie an zu weinen. Erst war es ein Wimmern, ein Quengeln. Sie schob den Wagen schneller, das Fleisch ihrer Oberarme wackelte unter den Schlägen des unebenen Wegs. Sie hätte es gern abgeschnitten. Sie stolperte über eine Wurzel, fing sich auf und schob weiter.

Sie wurde lauter. Ihre Stimme schwoll an und ab. Wie eine Sirene. Sie warf ihr Fläschchen aus dem Wagen. Sie hielt an, hob es auf und wischte die Erdkrümel ab. „Nein, nein", sagte sie. „Mach das nicht. Dann wird Mama böse." Ihr wurde warm, eine heiße Quelle, die aus ihrem Bauch aufstieg. „Sei einfach still. Sei still, sei still, sei still", dachte sie. Sie weinte weiter. Sie gab ihr einen der drei Kekse. Sie heulte auf, zerdrückte ihn und schmierte ihn mit ihren kleinen dicken Fingern in das Polster. Sie wand sich in ihrem Gurt, als wolle sie herausrutschen und davonlaufen. Sie hätte gern etwas zertrümmert. „Ist doch gut. Ist doch gut", sagte sie. Für einen Moment nahm sie die kleine Hand in ihre. Diese weiche Haut. Aber dann kam dieses Gefühl, sie ganz doll drücken zu müssen, diese kleine Hand. So fest, bis nichts mehr davon blieb. Bis diese kleinen, kleinen, nie müden, immer etwas wollenden Finger nicht mehr da waren. Sie zog ihre Hand zurück und schob weiter.

Sie versuchte, sich wegzudenken. An die Reise, die sie machen würde, eines Tages, wenn das hier alles vorbei war. An das Meer. Sie konnte es nicht. Die Schreie waren zu laut. Ihre Hände krallten sich um den Griff. „Ist ja gut. Ist ja gut", sagte sie. Immer wieder. Sie hörte nicht. Sie schrie. „Was willst du eigentlich von mir?", schrie sie zurück. „Glaubst du, mir macht das Spaß?" Sie hielt sich eine Hand vor den Mund. „Sei still", dachte sie. „Sei still, sei still, sei still."

Ihr Schrei klang nun anders, als würde sie in eine rostige Gießkanne atmen. Sie ließ den Griff los. Der Wagen holperte noch zwei Radumdrehungen weiter, dann blieb er stehen.

Sie drehte sich zur Seite, zum Wald. Sie bog die Zweige auseinander und ging in das Grün hinein. Der Boden knackte unter ihren Schritten. Blätter patschten ihr ins Gesicht. Ein Zweig krallte sich an ihr Bein. Sie ging weiter. Das Schreien wurde langsam leiser. Sie stellte sich vor, dass es ein seltenes Tier sei, das da rief. Ein Tier, das durch den Wald schlich und nach Artgenossen suchte.

Der Wald hatte ein Loch. Ganz plötzlich hörten die Bäume auf. Eine Wiese lag vor ihr. An den Rändern war sie ganz gelb. Hohe Blumen ragten dort auf, die Blütenstränge stürzten sich nach vorn, wie Fontänen. Der Himmel war nun ganz blau. Sie fand keine Wolken mehr.

Sie wollte sich hinlegen. Die Augen zumachen. Der Boden unter dem hohen Gras war voller Stöcke. Ameisen liefen herum. Disteln und Brennnesseln wuchsen zwischen den Halmen. So blieb sie stehen, schloss die Augen und hielt ihr Gesicht in die Sonne. Die Wärme kribbelte über ihre Haut wie ein Schwarm zärtlicher Fliegen. Ihr Zopfgummi gab unter dem Gewicht der Haare nach. Das Licht schien durch ihre Lider. Alles, was sie sah, war ein Rot. Ein perfektes, leuchtendes Rot. Sie reckte die Hände nach oben. Sie stellte sich vor, wie die Strahlen der Sonne ihre Finger durchdrangen und an der Rückseite wieder hervorschossen. Als sei sie aus Glas. Das Tier rief noch immer. Aber es machte Pausen. Sie wurden immer länger. Vielleicht hatte es schon ein paar Freunde gefunden. Sie stellte sich vor, wie es durch das Unterholz strich, in einem Rudel, lachend. Und sie fühlte etwas, das vielleicht Glück war.

Das Versteck

Er hatte ihr zugesehen, von seinem Versteck im Heuboden aus. Wenn er sich hier flach auf das Holz des Bodens presste und den Kopf schieflegte, konnte er durch einen Spalt über den ganzen Hof blicken. Er hatte mit seinen Fingern immer wieder kleine Splitter aus dem Holz gebrochen, bis das Loch größer wurde und er schließlich auch das Haus auf dem Hang und die Wiese davor sehen konnte.

Es lag kurz unterhalb der Hügelkuppe und blickte hinab auf den Hof, aber auch in die Wiesen und den Fluss des gegenüberliegenden Tals. Dort, wo die Kraniche ausruhten und Frösche fingen, wenn sie auf ihrem Flug in den Norden den Gebirgszug queren mussten. Das Haus am Hang war aus Holz, dunkel, als wäre es vollgesogen mit schwerem Öl.

Meistens stand es leer, lag Tag und Nacht verschlossen. Eine Frau aus dem Nachbarort schaute alle paar Wochen vorbei, öffnete Türen und Fenster und hängte weiße Tücher hinaus, Zungen, die am Wind leckten und sich nach den Wolken streckten. Ein paar Stunden später holte sie alle Tücher wieder hinein, verriegelte alles und ging.

Das Haus ruhte, aber es schwieg nicht. Wenn der Wind von Süden her über den Hügel strich und das vorspringende Dach über dem Eingang berührte, dann machte es ein singendes Geräusch, als antworte es dem Ruf der Regenpfeifer hinter dem Hügel.

In den wenigen heißen Wochen des Jahres und mitten im Winter waren Gäste da. Immer andere, immer mit großen Autos, mit denen sie viel umherfuhren. Und wenn sie da waren, drang Licht aus allen Fenstern und in den Abend klang Musik.

Doch sie war im Frühjahr gekommen. Der Schnee war gerade geschmolzen, die Bäume waren noch braun, zwischen den Haselsträuchern hatten die Buschwindröschen ihre Köpfchen durch die Erdkrume gebohrt und nickten nun in der noch kühlen Luft. Er hatte sie nicht kommen sehen, er hatte mit seinem Vater im Wald Holz ausgesucht, das er schlagen wollte.

Sie brauchten einen neuen Stall, sagte der Vater, er wolle noch ein paar Rinder halten, das brachte im Winter Geld beim Schlachter. Sie hatten nach kräftigen Stämmen gesucht, Buchen und Eichen. „Für junge Rinder braucht man einen stabilen Stall“, hatte der Vater gesagt und gelacht, die wollen immer raus, sich die Hörner abstoßen, und war – seine Zeigefinger links und rechts an die Schläfen haltend – auf ihn zugerannt, den Oberkörper vor- und zurückpendelnd. Schließlich hatte er den Kopf in den Nacken geworfen und dabei den Mund so weit aufgerissen, dass seine goldenen Backenzähne aufblitzten. „Davon müssen wir sie abhalten, denn sie brauchen ihren Saft im Fleisch und nicht in den Lenden. Magere Rinder bringen nichts ein.“ Und so hatten sie Bäume gesucht, die stark waren, hochgewachsen und gerade, mit wenigen Astlöchern.

Als sie zurück ins Dorf gingen, sah er schon von weitem, dass die Fenster des Hauses geöffnet waren. Das Sonnenlicht brach sich an den Scheiben des geparkten Autos. „Da sind Leute gekommen", begrüßte sie die Mutter auf dem Hof. Sie warf den Hühnern Kartoffelschalen zu. Mit steifen Beinen, das Hinterteil hin und her werfend, liefen sie zu ihnen und steckten schließlich mit einem Gurren die Köpfe über den Schalen zusammen. „Vielleicht kaufen sie ja ein paar Eier", sagte die Mutter.

Oft konnte er nicht von seinem Versteck Ausschau halten. Wenn er sich beim Ausmisten im Kuhstall sehr beeilte, konnte er sich danach auf dem Heuboden Zeit lassen, sich auf die Dielen legen, das Holz mit seinem Atem befeuchten, über den Hof schauen und auf die Wiese dahinter.

Die Katze liegt vor dem Holzstapel ruhig und flach auf dem Boden, unbeweglich, bis die Maus schließlich herbeitrippelt, ihrem Ende entgegen.

Seine Mutter geht über den Hof, pausiert, scheint etwas unter ihrem Rock zu suchen, ihre Hand wandert hin und her, beult den Rock, bis sie sich schließlich bückt und ihre gestrickten Strumpfhosen von den Knöcheln zu den Waden bis hinauf zu den Oberschenkeln strafft. Sie klopft zweimal auf ihre Hüften und geht weiter.

Sein Vater steht zwischen dem Toilettenhäuschen und dem Schweinestall und raucht, bläst den Qualm langsam über den Misthaufen. Den Stummel vergräbt er im Kot der Tiere.

Das waren seine Beobachtungen der letzten Monate. Es hatte ihn nie gestört, nur selten auf den dunklen Heuboden zu können. Er hatte immer gern an seinen Ausguck gedacht und was er dort tun würde, was er vielleicht einmal sehen würde. Manchmal bewarf er den Hund im Hof mit Steinchen und kicherte, wenn dieser seine Ohren aufstellte, sich umschaute und schließlich um sich selbst kreiste.

Früher war genügend Zeit gewesen, sein Reich zu überschauen. Er war der dunkle Herrscher des Hofes gewesen, da draußen nur Puppen an seinen Fäden. Es reichte, sie alle paar Tage zu kontrollieren. Zu beobachten, dass sie nichts taten und dann wieder hinabzusteigen, den Mantel des Unsichtbaren über sich zu ziehen.

Nun schien die Zeit kaum auszureichen, sich in die rechte Position zu bringen. Kaum hatte er das Haus ins Auge gefasst, mit dem Blick die Fenster und alle Mulden der Wiese abgesucht, so hörte er schon seine Mutter rufen: „Die Kuh wird verhungern und uns vorher noch dumm und taub brüllen, du Faulpelz. Wie soll das nur einmal werden, wenn deine Eltern alt und grau sind!“ Ihre Stimme schwang auf und ab, am Ende jeder Tonfolge ließ sie die Worte in einem Kreischen enden.

Und so hangelte er sich die glatt gewetzten Sprossen der Leiter wieder hinab und warf der Kuh ihr Heu hin. Sie verstummte und schob mit hypnotischer Genauigkeit ihre Kiefer übereinander, wieder und wieder, um ihr Futter zu zermalmen.

Natürlich konnte er auch außerhalb des Heubodens zum Haus hinaufschauen. Doch so konnte er gesehen werden. Von seiner Mutter, von seinem Vater, von den Jungen im Dorf, von ihr. Er erlaubte sich nur kurze Blicke und das auch nur, wenn er dazu aufgefordert wurde. Was oft geschah. „Schau nur, jetzt sitzt sie da wieder", sagte seine Mutter, während sie im Garten arbeiteten. Da schaute er auf vom Jäten und sah, dass sie sich einen Stuhl hinausgestellt hatte, mitten auf die Wiese und dort ihr Gesicht der Sonne entgegenreckte. Die blonden Haare lagen auf ihren Schultern. Mit ihren langen schmalen Fingern fuhr sie durch die Strähnen, immer wieder, als wären sie unruhige Tiere, die sie mit ihren Händen besänftigen wollte. Er schlug seine Hacke in den Boden. In Krümeln spritzte die Erde auf und gab die Wurzel einer kleinen Brennnessel frei.

Er rannte auf seinem Schulweg hin und zurück, er spielte kein Fußball mehr mit seinen Freunden, er vernachlässigte jede Arbeit, bei der das nicht auffiel. Er verstand nicht, was sie machte, aber immer wieder gelang es ihm, sie zu sehen. Sie las viel. Manchmal draußen auf der Wiese. Manchmal saß sie im Rahmen des größten Fensters, ein Buch auf den Knien. Den Hals, hell und zart wie die Haut von frisch geerntetem Knoblauch, hatte sie vorgebeugt, die Hände auf dem Papier liegend, als lese sie mit ihnen und nicht mit den Augen. Oft saß sie aber auch einfach da und schaute. Er sah, wie ihr Kopf sich langsam drehte und ihr Blick die Hügelkette entlang glitt. Manchmal verharrte sie für einen Moment, zog die Brauen hoch, beugte den Oberkörper vor. Dann sank sie wieder zurück in ihren Stuhl, die langen Beine übereinandergeschlagen, so wie es die Frauen im Fernsehen oft taten.

Am frühen Abend, wenn es noch hell war, aber das Blau des Himmels sich schon dunkel färbte und alle Dinge in dem erschöpften Licht einander ähnlich wurden, ging sie oft auf der Veranda hin und her, ein Fuchs, der in die Falle gegangen war. Sie hielt sich ein Telefon ans Ohr und sprach, ihre freie Hand bewegte sich in einem fort. Sie fasste sich an die Stirn, sie strich sich eine Haarsträhne aus dem Gesicht, sie warf die Hand immer wieder von sich und holte sie dann mit einer leichten, fast vogelhaften Bewegung wieder zum Körper zurück. Wenn sie schwieg, zupfte sie mit den Fingern an ihrem Ohrläppchen.

Häufiger sah er ihn. Er ging über das Grundstück mit einem kleinen Kescher und schaute auf den Boden vor sich. Der Mann fing etwas mit dem Netz, das er von seinem Versteck aus nicht sehen konnte, drehte es hin und her, hielt es vor sein Auge, dann wieder weiter weg. Manchmal tat er seinen Fang in eine durchsichtige Schale, manchmal schüttelte er die Hand und ging weiter über die Wiese.

Auch kam der Mann immer wieder herunter zu ihnen. Er stand ganz plötzlich mitten im Hof, setzte sich auf die Bank unter dem Walnussbaum und schaute ihnen zu. Er fragte die Mutter, was die Hühner als Futter bekämen, inspizierte die Ställe oder kostete von den Kräutern, die entlang des Hauses wuchsen. Er erklärte ihnen auch die Lebensgewohnheiten eines Tieres, der Schwalben, die gerade eingetroffen waren und nun zwischen dem blauen Himmel und dem Kuhstall hin und her schossen. Und so hörte er, während er die große Milchkanne mit der Wurzelbürste bearbeitete, den Mann mit den grauen Haaren einen Fluss von englischen Wörtern sprechen, von denen er nur wenige verstand. Immer wieder kam der Satz: „That's very interesting“ oder „Did you know?“, und der Mann zeigte immer wieder auf die vorbeifliegenden Schwalben, auf den Himmel, auf den Stall, auf die Erde vor sich. All das begleitet von einer Kette von Vokalen und Konsonanten. Die Mutter und er erwiderten nie etwas, doch der Vater lächelte und nickte in regelmäßigen Abständen. Manchmal sagte er „yesyesyes“, als hätte er verstanden, wovon der Mann sprach. Irgendwann stand der Mann dann auf, sagte „Well, thanks for the chat.“ Und kaufte auch etwas, meistens Milch oder Eier, manchmal auch Joghurt oder Käse, welche die Mutter machte.

Schließlich kam auch sie mit ihm hinab. Vorsichtig setzte sie ihre Füße voreinander, als würde sie sonst fliegen und hätte ganz vergessen, wie sich der Boden anfühlt. Sie schwieg und lächelte nur zu Begrüßung. Sie schaute in den Kuhstall und war dabei nah an seiner Seite. So sah er, wie sich ihre Augen weiteten, als sie das Kälbchen sah, das hinter seinem Gatter lag, die Kuh auf der anderen Seite. „Mama nein?“, fragte sie. Dann nochmal auf Englisch. „It is not allowed to stay with its mother?“ Er zuckte die Schultern. Er verstand, was sie sagte. Er sah, wie sich ihre hohe Gestalt zusammenzog. Wie ihr Kopf zwischen ihre Schultern sank und ihr Rücken rund wurde. Er spürte ihre Erschütterung. Der beißende Geruch des Kuhdungs wurde ihm bewusst. Er sah die kotverschmierten Wände, sah das Kälbchen in seinem eigenen Dreck liegen, auf dem nackten Holz. Er wollte ihre Hand nehmen, sie hinausführen und ihr das Nest zeigen, das der Gartenrotschwanz in den verfallenen Zaun gebaut hatte. Wie leuchtende Juwelen lagen fünf blaue Eier darin. Der Mann trat von hinten an sie heran und legte seine Hand auf ihre Hüften: „When with mother, no milk for you.“ Er tätschelte sie und lachte. Seine Hand wanderte den Rücken herunter. Sein Vater griff das Lachen auf, drohte dem Kälbchen mit dem Stock und rief: „You no! Milk for lady!“ Die beiden alten Männer lachten lange und laut. Das Tier sprang von seinem hölzernen Ruheplatz auf, zog am Strick und schüttelte seinen Kopf. Doch das sah sie nicht mehr. Sie war schon auf den Hof hinausgetreten, sie blickte zu ihm ins Dunkel, dann winkte sie und ging den Hügel hinauf.

Er hatte gedacht, dass der Mann wohl ihr Vater sei, aber nun hoffte er, dass sie verheiratet waren. So wie er sie berührt hatte, konnte er sich alles andere nur schwer vorstellen. Auch wenn ihm die Idee, dass sie verheiratet war, nicht gefiel. Er sah sie einige Tage sehr wenig. Der ältere Mann ging weiterhin jeden Tag über die Wiese und machte Rundgänge über die vielen Weiden, die das Tal säumten. Ständig blickte er auf den Boden, manchmal bückte er sich. Dann ging er wieder weiter, die Hände auf dem Rücken, die eine Hand das Gelenk der anderen haltend. Sie trat kaum vor die Tür und häufig war das Auto für viele Stunden fort.

Dann kam der Vater abends in die Stube, sein Gesicht leuchtete, die Adern und Wangen prall von Blut. „Es ist Weihnachten! Was wünscht du dir, mein Sohn?“ Er roch den Schnaps in seinem Atem und freute sich über die gute Laune. „Turnschuhe“, sagte er. „Die mit den Streifen, die die Fußballer immer tragen.“ Dann lachte er. Er wusste, dass das ein verwegener Wunsch war. „Gut“, sagte der Vater und streckte einen Arm weit vom Körper. „Nichts leichter als das. Wir fahren am Wochenende in die Stadt.“ Dann ließ er die Hand auf seiner Schulter ruhen.

„Schluss mit dem Unsinn.“ Die Mutter stellte das Essen auf den Tisch. „Nirgends fahren wir hin.“

„Du darfst dir natürlich auch was wünschen, mein eifersüchtiges, liebstes Weiblein.“ Mit einem Lachen klopfte er ihr ein paar Mal auf den Hintern. Dann zog er eine Glasflasche aus der Tasche und trank. „Gut, wenn mich keiner fragt, dann erzähle ich es eben so.“ Der alte Mann vom Hügel war beim Vater gewesen. Zwei der Jungrinder wolle er im Winter kaufen, also ihr Fleisch. Und das jedes Jahr. Und angezahlt habe er auch schon. Nach einer Pause hob er noch einmal den Arm: „Und am Wochenende will er ein Zicklein! Nächstes Wochenende, wenn er fährt, wohl noch eines!“ Die Stimme des Vaters stieg an. Beim nächsten Schluck lief ihm Schnaps aus dem Mundwinkel, er rann bis in die zarte Kuhle zwischen den Schlüsselbeinen, wo er als zitternder Tropfen ruhen blieb.

„Alle beide hat er schon bezahlt!“ Lachend schob er sich einen Löffel voll Kartoffeln in den Mund. „Jetzt ist keine Zeit zum Zickleinschlachten. Und wir haben nur die zwei Mädchen.“ Die Mutter schüttete gehackten Schnittlauch über ihre Kartoffeln. „Mädchen schlachtet man doch nicht!“

Mit einem Schnaufen zog der Vater eine Faust voller Scheine aus der Hosentasche, aus der anderen noch eine Hand voll. Noch immer glitzerte der Tropfen Schnaps auf seiner Haut. Schweigend berührte sie das Geld, fuhr mit den Fingern durch die bunten Zettel, murmelnd. Schließlich sagte sie: „Das ist zu viel. Viel zu viel. Du hast den Mann betrogen!“

„Nein, genauso wollte er es!“ Er lachte auf. „Er wollte es so!“ Und schlug mit der Hand auf seinen Schenkel. „Ja, genauso wollte er es.“ Dann fing er an zu rechnen, zählte auf, was wäre, wenn nur jeder dritte, ach was, jeder fünfte Gast so bei ihnen kaufen würde. Am Ende des Abends war er Besitzer eines Autos, eines neuen Hauses, hatte der Mutter viele schöne Dinge gekauft und seinem Sohn natürlich auch. Am nächsten Tag fuhren die Eltern in die Stadt.

Er blieb beim Hof, die Tiere füttern, nach dem Rechten sehen. Seine Kopfhaut kribbelte warm, in seinen Ohren pulste das Blut, als er die Leiter zum Heuboden hinaufstieg. Es war sehr früh, über der Wiese lag ein leichter Dunst, die jungen Halme schimmerten im Wasser des Taus.

Fast hätte er sie nicht erkannt. Sie hatte eine Mütze tief in die Stirn gezogen, eine weite Jacke schlug um ihren Körper. Sie kam direkt auf den Hof zu. Er atmete in das Holz, presste sein Ohr daran. Er hörte ihre Schritte im Hof, im Stall. Dann ging sie den Hügel hinauf, bis zur Kuppe und darüber hinweg. Hinter sich her zog sie die Ziege und ihre zwei Zicklein.

Er fütterte die Kuh, die Hühner, den Hund, sah bei jedem Tier einmal vorbei, füllte Näpfe und Tröge auf, streichelte den Kaninchen im Stall über ihr weiches Fell. Dann packte er Brot, Käse und ein paar Gerätschaften in einen Plastikbeutel. Zuletzt steckte er das Messer in die Tasche, das er von seinem Großvater geerbt hatte. Es hatte einen hölzernen Griff mit einem Schlitz, in den die Klinge versank. Die Sonne stand hoch am Himmel, als er den Hof verließ. Er folgte den niedergetretenen Blumen und musste nicht weit gehen. Einige Hundert Meter den Hügel hinab wurde das Gelände eben, nur ein kleiner

Flecken, der sich mit wenigen Schritten durchschreiten ließ. Darüber spannten große Eichen ihre noch immer kahlen Äste. Am Ende der Wiese entsprang ein kleines Rinnsal. Sie saß dort, wo das Wasser aus der Erde trat. Die Mütze hatte sie abgezogen, ihr Haar schimmerte im Sonnenschein.

In ihrer Hand hielt sie den Strick, mit dem die Ziege gebunden war. Immer wieder versuchte das Tier sich loszumachen, um den Hügel hinaufzukommen. Die Zicklein sprangen um ihre Mutter und schlugen ihre kleinen Köpfe aneinander.

„You hungry?", fragte er, nachdem er eine Weile gewartet hatte. Sie schreckte hoch. Ihr Gesicht war von roten Flecken überzogen. Dann nickte sie und sagte: „Yes, please." Er hörte ihre Stimme kaum, reichte ihr das Brot und den Käse. Sie nahm die Brocken entgegen, ohne ein Wort zu sprechen. Sie riss ihren Mund weit auf und kaute dann lange. Die Haut unter den Augen war geschwollen. Er nahm seinen Trinkbecher und schöpfte Wasser für sie. Dann setzte er sich zu ihr.

„My parents are in town", sagte er, langsam, jedes Wort betonte er. „They don't know?", fragte sie zurück. Er schüttelte den Kopf. „Look at her", sie zeigte mit ihrem Finger auf die Ziege, die wieder am Strick zog. „This stupid goat! She wants to go back. Her children will die and she wants to go back." Er zuckte die Schultern.

„Yes", sagte er schließlich. „Her home."

Sie saßen schweigend. Sie kaute, die Augen in die noch leeren Kronen der Bäume gerichtet. In Gedanken legte er sich Worte zurecht, überprüfte ihre Bedeutung, ihren Klang. Manchmal bewegte er dafür die Lippen, doch ohne einen Laut zu machen. „There is a hut. In the mountains", sagte er schließlich. „Very beautiful." Sie nickte und schluckte einen großen Bissen Brot und Käse herunter. „Oh, yeah?", sagte sie und räusperte sich. Er legte den Kopf schief. „Yes. Behind the forest it is." Er zeigte in die Ferne. „There is a lake. Very clear water. Good for drink. And fish." Er überlegte, ob er eine Angel bauen könnte. Sein Großvater hatte es ihm gezeigt. Aber das war viele Jahre her. Sie nickte, lächelte und schwieg. Dann, schließlich, schaute sie ihn an. Er hörte das Blut in den Ohren rauschen. Sagen konnte er nichts. Und so hoben sich ihre schmalen Augenbrauen hoch, langsam, bis sie sich wie zwei Vogelschwingen über ihren Augen bogen. „Oh, that sounds wonderful!" Ihre Stimme verfing sich zwischen den Bäumen. „My friend's car is four-wheel-drive. Maybe we can drive there sometime." Sie stand auf. Das alte Laub raschelte unter ihren Füßen. Er schaute hinauf zu ihr und sah, wie eine einzelne Haarsträhne nach vorn fiel, als wolle sie ihren Hals umarmen. Sie ging ein paar Schritte hinauf zur Hügelkuppe. Die Ziege riss an ihrem Strick, die Zicklein sprangen voraus. „Will you help me with the goat?", rief sie ihm zu. „Bring her back? I think you are better with her."

An ihrem Haus blieb sie stehen. „I want to thank you", sagte sie. „You have been really nice." Sie strich ihm über die Wange. Für einen Moment ruhten ihre Fingerspitzen an seinem Hals. Seine Haut zog sich zusammen, und ihn überfuhr ein Schauer, so wie im Sommer, wenn er in den kühlen Fluss sprang, auf der anderen Seite des Hügels.

In seiner rechten Hand knisterte es. „Thank you again", sagte sie und ging die Treppe zur Haustür hinauf. Er befühlte die Papierstücke mit seinen Händen, anschauen mochte er sie nicht. So sah er, dass sie noch einmal zurückschaute. Erst auf ihn, dann auf die Ziege mit ihren Zicklein, bevor sie die Tür hinter sich schloss.

Der Fund

Die Jeans kniff zwischen ihren Beinen, schnürte ihren Bauch ein. Das Bauchfett quoll darüber hinaus. Von oben sah er fast wie ein Schwangerschaftsbauch aus, fand sie. Sie zog die Jacke vorne zu. Sie sollte ihre Hosen eine Größe größer kaufen. Aber jedes Mal, wenn sie daran dachte, überfiel sie die Angst, ihrem Körper damit Tür und Tor zu öffnen. Dass er, sobald er nicht mehr eingeschnürt wäre, in die nächste Größe quoll, bis diese zu eng war, und dann immer so weiter und weiter, bis sie ein ganzer Berg von wabbeligem Fleisch war. Wenn sie auf dem Klo saß, ihre nackten Schenkel breitgepresst auf dem Plastik, stellte sie sich das vor. Wie sie immer breiter wurden und schließlich begannen, an den Seiten herunterzuhängen, ihr Körper ein schier grenzenloser Fettkloß.

„Mama, passt du auf meinen Knochen auf?"

„Hmmm", machte sie und fasste ihre Tochter gedankenverloren am Arm.

„Aber wirklich! Ich muss zurück und das Skelett finden."

„Ja, aber nicht zu weit in den Wald, hörst du?"

Der Wald war eigentlich nur eine verwahrloste Fichtenschonung, die der Besitzer wohl vergessen hatte oder für die er sich nicht mehr interessierte.

„Mama, du passt ja gar nicht richtig auf!" Sie blickte hoch, ihrer Tochter in die Augen. Die dunklen Augenbrauen waren zusammengezogen, die zerfledderten Zöpfe hatten einen Kranz elektrisierter Haare freigelassen, die nun um den eckigen Kopf schwebten, als seien sie ein selbständiges Wesen. Für einen Moment schien es ihr, als wüchse das kleine Gesicht von allen Seiten zu mit Haaren, die Brauen über die Nase, bis diese ganz schwarz war und glänzte, und von den Seiten kamen die etwas helleren Kopfhaare, bis von dem Kindergesicht nichts mehr blieb als ein energisches Wiesel, das sie anstarrte.

„Was?", sagte sie.

„DU SOLLST AUF MEINEN KNOCHEN AUFPASSEN!", schrie Marie. Die zwei anderen Mütter drehten sich zu ihnen und starrten.

„Ja, mach ich ja. Und jetzt schrei nicht so laut. Die Leute gucken schon."

„Da!", sagte Marie und zeigte mit ihrem Finger auf die Bank neben ihr. „Ich geh jetzt den Rest suchen."

Sie nickte und schaute zu der alten Plastiktüte, aus der ein Stück dunkelbrauner Stock ragte.

„Ich pass auf. Versprochen", sagte sie.

Die anderen zwei Mütter packten bunte Plastikeimer und Förmchen aus der Sandkiste ein.

„Haben Sie eine Schaufel gesehen?", fragte die Frau mit den kurzgeschnittenen Locken. „Gelb, mit grünem Stiel." Am Halsansatz hatte sie eine tätowierte Spinne mit der blauschwarzen Farbe alter Tattoos.

„Ne, sorry, hab' ich nicht gesehen", sagte sie und versuchte beiläufig zu lächeln.

„Hätte ja sein können." Die Frau mit den Locken lächelte zurück. In ihren Augen war zu sehen, dass sie ihr kein Wort glaubte und ihr vermutlich gern die Jacke runtergerissen hätte, um zu schauen, ob sie das Plastikspielzeug nicht doch irgendwo verbarg.

Es war kühl geworden in den letzten Tagen, und die Wolken hatten diese ferne Zerrissenheit bekommen, die sie nur im Herbst hatten. Wie hoch oben sie wohl waren?

„Ganz schön energische Tochter, die sie da haben."

„Hmmm", antwortete sie, obwohl sie gern geschrien hätte: Halt deine verfickte dumme Fresse, du verblödete Fotze!

„Wird sich schon wieder anfinden, die Schaufel", sagte sie und lächelte noch ein bisschen breiter. Dann stand sie auf und schrie: „Marie! Wir müssen jetzt!"

Die Zweige machten ihr das Vorankommen schwer. Sie musste sich nach vorne beugen, um überhaupt Schritte machen zu können. Die Fichten waren dicht gepflanzt, unter ihren verwobenen Spitzen war der Wald dunkel und kahl, die grauen Stämme schienen in dem Dämmer zu leuchten. Sie blickte hoch, aber der Himmel war nicht zu sehen. Nur winzige blaue Fitzelchen hinter einem Geflecht aus dunklen Nadeln und dürren Zweigen. „Marie!", rief sie noch einmal. „Marie! Wir müssen JETZT nach Hause!"

Sie hörte sie, bevor sie sie sehen konnte. Kleine harte Atemstöße. Unverkennbar ihre Tochter, wenn sie sich sehr konzentrierte. Dazu das harte Rascheln ihrer Regenjacke. Sie ging um noch einen Baum und dort war sie. Marie kauerte auf dem Waldboden, ihr magerer Rücken zuckte hin und her, ihr Kopf war nicht zu sehen, so tief hatte sie sich vorgebeugt. Das Rosa der Jacke leuchtete im Halbdunkel des Waldes. Man konnte ganz und gar vergessen, dass draußen Tag war und die Sonne schien. In der Hand hielt Marie die grüngelbe Schaufel, mit der sie auf die Erde vor sich einhieb. Verdorrte Nadeln und Erdkrümel spritzten auf bei jedem Schlag.

„Marie!" Sie flüsterte fast. „Was machst du denn da?"

Das Mädchen fuhr herum, für einen Moment starrten sie einander an. Mutter und Tochter in einem dunklen Wald. Nur das Lebkuchenhäuschen und der Hänsel fehlten.

„Was machst du denn?", fragte sie nochmal.

„Na, das Skelett suchen. Hab' ich doch gesagt!", sagte Marie streng.

Sie spürte den Zorn, der in ihr aufstieg, kalt und blind. „Und ich hab' gesagt, dass du kommen sollst, verdammte Scheiße!"

„Ich hab' zu tun!", schrie Marie zurück. „Und man sagt nicht Scheiße!" Mit zugekniffenen Augen schmiss sie ihr zwei Fäuste voll modriger Tannennadeln entgegen. „Das sind keine Tannen, das sind Fichten! Merk dir das doch endlich!", korrigierte sie eine Stimme im Kopf, was sie noch wütender machte. „Das machst du nicht noch einmal! Das sag ich dir!" Sie stampfte auf Marie zu, mit jedem Schritt hasste sie das wackelnde Fleisch an ihren Beinen mehr und packte das Mädchen am Handgelenk. „Wir gehen JETZT nach Hause!" Sie dachte an das Abend-Prozedere und wurde sofort müde von der Vorstellung. Ihr Griff wurde noch fester. Sie mussten jetzt da durch. Nach Hause, Geschrei, Essen, Geschrei, Zähneputzen, Geschrei, Bett.

„Aber ich bin noch nicht fertig!" Marie holte mit der Plastikschaufel aus, aber sie bekam das Ding zu fassen, bevor es sie traf, und schleuderte es hinter sich in den Wald.

Sie hatte ohne ihren neuesten Fund und die Tüte nicht schlafen wollen, also hatte sie Marie die Sachen schließlich aus dem Vorgarten geholt, da, wo eigentlich die Fundstücke aus dem Wald hinkamen. Ein ganzer Haufen voller alter Zapfen ohne Kerne, Stöcke, zerbrochene Plastikstücke, Steine und Lehmklumpen.

Normalerweise war dies eine der wenigen Regeln, die ihre Tochter akzeptierte. Fundstücke blieben draußen. Nur heute hatte sie nicht lockergelassen. Und so lag sie jetzt in ihrem Bett, schlafend, endlich, die Plastiktüte fest im Griff, der braune Stock ein Stück herausragend.

Sie mochte es, am Bett ihrer schlafenden Tochter zu stehen. Wenn sie die Augen geschlossen hatte, konnte sie all ihre wortlose Liebe spüren, die sonst nicht herauskommen wollte. Sie beugte sich vor und küsste die kühle Stirn des Kindes, das ungerührt weiterschlief. Der Hosenbund schnitt ihr in das Bauchfett und im Schritt spannte die Hose unangenehm schmerzhaft an den Schamlippen. Scheißkörper. Gern wäre sie hineingekrochen, in diesen mageren Kinderleib, den sie doch auch einmal gehabt hatte. Und dann war das Leben um sie herum gewachsen, und der Körper und sie hatten sich darin verheddert, und jetzt würde sie all das mitschleppen müssen, bis ans Ende ihrer Tage.

Sie fing an, die Schnipsel und Zettel, die ihre Tochter im Kinderzimmer verteilt hatte, auf einen großen Stapel zu sammeln. Eines ihrer Projekte, völlig aus dem Ruder gelaufen, wie immer. Sie hatte vorgehabt, ein Wörterbuch anzulegen, mit allen Wörtern, die sie kannte. „Loeve" las sie unter der Strichzeichnung eines entfernt katzenartigen Tiers. Und „Waal" unter einem Fisch, in dessen Rücken ein senkrechter Strich steckte. „Ameise" stand auf einem anderen Zettel und erst dachte sie, das Bild habe ihre Tochter vergessen, aber dann entdeckte sie den kleinen schwarzen Punkt mit winzigen Strichbeinen. Sie blickte zu dem schlafenden Kind, das so ruhig und gleichmäßig atmete. „Recht tierlastig das Ganze, was?", sagte sie halb flüsternd. Wie gern würde sie immer so mit ihr reden. Halb flüsternd und ruhig, eingehüllt in das sanfte Licht einer Nachtlampe.

Marie drehte sich herum, und die Plastiktüte mit dem Stock knisterte laut und grob. Sie zuckte zusammen. Eine Plastiktüte im Kinderbett. Das war bestimmt nicht gut. Sie sollte sie entfernen. Vielleicht hatte Marie den Stock bis morgen früh auch schon vergessen.

Sie fingerte nach der Tüte, um sie richtig zu fassen zu bekommen, ihre Hand griff aber nur den Stock. Ein Flirren breitete sich in ihrem Magen aus, stieg hinauf, bis es sie unangenehm am Nacken kitzelte. Das obere Ende des Stocks war seltsam rund und glatt. Sie zog ihn hervor und betrachtete ihn. Die Farbe war seltsam, bräunlich und nicht elfenbeinfarben, wie sie es sich vorgestellt hatte. Aber sonst bestand kein Zweifel. Marie hatte recht gehabt. Sie hielt einen Knochen in der Hand. Vielleicht war er aus dem Bein eines Rehs? Sie stellte sich das Tier vor, wie es fröhlich durch den Wald gesprungen war, mit seinem weißen puscheligen Hintern. Und plötzlich ergriff eine gnadenlose Krankheit das Reh, es sank zu Boden und starb, dann kamen die Maden und Käfer, der Körper zerfiel immer mehr, und schließlich blieben nur noch die Knochen übrig. Aber wo waren nur die anderen? Sie hielt den einen in der Hand, der den Weg zu ihr gefunden hatte. „Na? Wo ist der Rest?"

Sie drückte den Knochen an ihren Unterarm. Seine dunkle Farbe setzte ihn scharf von ihrer Haut ab. Aber die Länge passte. Sie stand ein paar Momente so da, den

Knochen an ihrem Arm, darüber staunend, wie gut er sich dort einfügte.

Das helle „rrrrrrt", mit dem der Reißverschluss zusurrte, schien ihr schrecklich laut. Sie setzte ihre Mütze auf, das erste Mal in diesem Jahr. Dann schlich sie noch einmal ins Kinderzimmer und zog die Plastiktüte unter der Bettdecke mit den bunten Punkten hervor. Marie rührte sich nicht.

Sie wickelte den Knochen ein, vorsichtig und langsam, als könnte er jeden Moment zu Staub zerfallen. „Du schläfst doch schön weiter, oder?", flüsterte sie in Richtung des schlafenden Kindes, dann schlich sie zurück in den Flur und schloss die Tür hinter sich.

Die Kälte biss ihr ins Gesicht, und ihre Nase begann zu laufen. Sie stand vor der aufgeklappten Mülltonne und ließ die Tüte über der Öffnung schweben. Doch sie brachte es nicht über sich, den Knochen hineinfallen zu lassen. Wieder musste sie daran denken, dass er mal zu einem Lebewesen gehört hatte, mit schlagendem Herzen und einem Atem, der Dampfwolken in der Kälte gemacht hatte.

Sie blickte zu dem Haufen mit Maries Fundstücken. Vielleicht würde der Knochen gar nicht auffallen. Schließlich hatte sie ihn auch lange für einen Stock gehalten. Aber der Gedanke, dass vor ihrem Haus der Knochen liegenbleiben würde, machte sie nervös. Er würde ja auch nicht verrotten, so wie es die Zapfen und Stöcke nach und nach taten. Er würde dort liegen bleiben. Bis ihn Marie wieder ins Haus holte oder sie doch eine andere Lösung fand. Und bis dahin würde sie mit einem Knochen vor der Tür leben.

Sie wischte mit dem Handrücken unter ihrer Nase entlang. Die Feuchtigkeit des Schleims machte ihre Hand noch kälter.

Sie schaute den Knochen an. Er war leicht. Seine Form, wenn man ihn genauer betrachtete, sehr elegant. In ihrem Kopf waren einzelne Knochen als gerade Gebilde mit einem Knubbel oben und unten abgespeichert. In Wahrheit hatte der Knochen eine feine Drehung in sich, die fließend in die geschwungene Kerbe überging, an der sich eigentlich der nächste Knochen anschmiegen sollte. Denn einen Knochen, den gab es ja gar nicht allein. Ein Knochen war immer Teil eines Gefüges. „Was mache ich denn jetzt mit dir?“, murmelte sie. Sie blickte hinauf, das Kinderzimmerfenster war noch immer dunkel. Marie würde gewiss schlafen, das war das Einzige, was an ihr verlässlich war. Der tiefe, tiefe Schlaf in der Nacht.

Bis zur Fichtenschonung waren es nur wenige Minuten. Nur hatte sie nicht an die Dunkelheit gedacht. Unter den engstehenden Bäumen schien das Schwarz undurchdringlich. Sie schaltete die Lampe an ihrem Handy ein und ging in den Wald, den Oberkörper so weit vorgebeugt, dass sich ihr Bauch zu Röllchen zusammenlegte. Es war anstrengend so zu gehen, die Zweige kratzten an ihr, sie geriet außer Atem. Sie spürte den immer stärker werdenden Drang, sich aufzurichten, aber über ihr war einfach nicht genug Platz für ihren Körper.

Die Schaufel hatte sie schon wieder vergessen, und deshalb verstand sie nicht sofort, was sie da sah, als sie in dem hellen Lichtkegel als greller Farbfleck aufschimmerte. Der Griff war ein wenig geborsten, wahrscheinlich war sie beim Wurf gegen einen Baum geprallt. Das Plastik war kühl in ihrer Hand. Sie konnte im grellen Licht der Taschenlampe sehen, wie abgenutzt das bunte Material schon war. Traurigkeit schwappte über sie, wie eine Welle schweren Wassers. All diese Dinge in der Welt, die glänzend und neu begonnen hatten. Und alles endete so.

Sie ging weiter, schnell, als hätte sie ein Ziel. Sie stampfte über den weichen Boden, strauchelte über Wurzeln, torkelte und taumelte, vorwärts, immer vorwärts. Schließlich musste sie eine Pause machen, die ungewohnte Art sich fortzubewegen, geduckt und schnell durch einen Wald, nahm ihr den Atem. Sie ließ sich auf den Boden fallen und spürte, wie abgestorbene Stöcke gegen ihr Steißbein stießen.

Sie roch Feuchtigkeit und Pilze, die modrigen Tannennadeln. Sie war müde. Sogar zu müde, sich für ihren Fehler zu rügen. „Fichte“, dachte sie nur. „Fichte.“

Sie strich sich über ihre Jacke, ihr Herz tat ihr plötzlich so weh. Ein stechender, heller Schmerz. Für einen Moment fürchtete sie, dass sie nun sterben würde. Hier, allein in der Dunkelheit. Die Ärztin hatte ihr verboten, Sport zu machen. „Zu gefährlich", hatte sie gesagt. „Sie müssen erst wieder ein Gefühl bekommen für Ihren Körper. Sie müssen ihn erst wieder sehen, wie er ist." Sie hatte genickt und geschwiegen, obwohl sie keine Ahnung hatte, wie das gehen sollte. Wie er ist? Wie war denn überhaupt irgendwas.

Sie stellte sich vor, dass ihr Herz nun endgültig aufgab, müde und zerschrammt von allem, was sie ihm angetan hatte. Aber dann verflog das Stechen, und sie stemmte sich hoch.

Als sie sich umschaute, sah sie, dass sie den Wald fast ganz durchquert hatte. Dass in ein paar Metern Entfernung das Licht von Laternen durchschimmerte. Sie konnte das Gestell eines Klettergerüstes erkennen. Der Spielplatz.

Im Sandkasten grub sie so tief, bis sie auf den groben Baukies darunter stieß. Es ging ganz leicht, der Sand war locker und nur ein wenig feucht. Bald hatte sie ein Loch gegraben, in dem sie bequem hätte sitzen können, ohne dass sie jemand sah.

Sie legte den Knochen hinein und deckte ihn mit der Schaufel zu. Das bunte Plastik bedeckte ihn fast ganz. Ein letztes Mal strich sie über den glatten Gelenkkopf, über das Plastik. Dort wo die Kratzer stumpfe Knötchen gebildet hatten.

Sie kletterte aus dem Loch und schob den aufgehäuften Sand zurück hinein. Mit einem dumpfen Prasseln fiel er hinab. Sie hätte gern etwas gesagt. Aber der bloße Gedanke, vielleicht reichte der auch.

Autobahn

Das Auto schob sich an ihnen vorbei, so langsam und nah, dass sie sehen konnte, wie fleckig die Chromleisten waren, und dass die dunklen Gläser der Sonnenbrille des Fahrers nur von einem dünnen Draht gehalten wurden, so wie die Brillen bei *Matrix*.

Es wirkte alles so still. Als könnte sie die Tür zwischen ihnen wegschieben, dann die andere und auf seine Rückbank rüberrutschen. Heimlich und leise. Und dann einfach ein Auto weiter die Autobahn entlangbrettern, nach Hamburg, zum Sonnenuntergang, Regenbogen, wohin auch immer. Der Mann mit der Matrix-Brille wischte sich vor dem Gesicht herum und trat noch ein bisschen mehr aufs Gas und verschwand. Ihr Auto schob sich nach links. Nun rauschten die Büsche wieder vorbei, diesmal näher, staubgrüne Schlieren mit dunklen Löchern darin. Sie überholten wohl einen LKW, sie spürte, wie der Luftdruck sich änderte, oder was das auch immer war, das Auto machte eine sanfte Schaukelbewegung. Sie drückte ihre Stirn an das kalte Glas und schaute hinaus auf die Mittelleitplanke, die vorbeirauschende Welt dahinter, auf die Autos der Gegenseite, die zu Farbschlieren verrannen, kaum mehr als rasende Geister aus einer anderen Welt.

„Fickst du wen anders, oder was?“ Sie fasste den Griff noch ein bisschen fester, aber ihre feuchten Hände rutschten immer wieder ab. „Jetzt sag!“

„Nein." Das sollte sie natürlich sagen. „Nein. Ich will nur dich. Ficken. Und alles andere auch. Und Kinder. Liebe. Nur dich. Ich stech' mir die Augen aus, weil ich niemanden anderes sehen will. Ich verbrenn' meine Muschi, damit niemand sonst sie haben kann."

„Nein." Wollte sie zurückschreien. Wenn sie jemals wieder eine andere Haut an sich fühlen müsste, würde sie sterben, kurz und hell in Flammen aufgehen, oder einfach nur zu Staub zerfallen. „Nein, ich ficke keinen anderen. Nein, ich will dich nicht mehr. Dich nicht mehr an mir spüren, nicht mehr auf mir. Nicht mehr in mir. Dich nicht mehr riechen, nicht mehr schmecken, deine Stimme nicht mehr hören. Nein."

Sie wollte in die Tür hineinkriechen, zwischen die Plastikschalen und Schalter, und nie wieder herauskommen. Sie würde sich darin einrichten, ein kleines Bettchen bauen aus dem Staub und den Flusen, die ihren Weg in ihr Versteck fanden. Dort würde sie sich zusammenrollen und schlafen und manchmal in der Stille ein Lied summen. Sie spürte, wie ihr Magen zu fliegen schien, so etwas Ähnliches wie diese Verliebtheit, der Anfang, die Blicke, die verstohlenen Hände, bevor die anderen etwas merkten. Aufregend und heimlich. Und immer dieses Gefühl, als sei der Körper gefüllt mit knisternden Sternen. Ja, es fühlte sich jetzt ganz ähnlich an, als wollte ihr Körper wegfliegen, einfach davon. Aber die Sterne waren verschwunden, zurückgeblieben war nur noch der dunkle, endlose Weltraum drumherum.

„Was verkriechst du dich da hinten? Jetzt rede mit mir! Du wolltest doch immer reden! Jetzt rede!“ Er ruckelte an ihrem Knie, als könnte er sie einen Gang runter- oder raufschalten. Auch seine Finger waren kalt und feucht. Sie zog die Füße auf das Leder der Rückbank und dachte kurz an die Flecken, die ihre Schuhsohlen vielleicht machen würden. Er hatte das Auto extra gemietet. Schwer und schnell war es, ein auf die Straße gepresster Metallfrosch, der sie nun Richtung Küste schießen sollte. Er am Steuer. Sie in seinem Arm. Ans Meer. Zum Sonnenuntergang. Zum „Ja, ich will nur dich“.

Warum sagte sie denn nichts? Sie sah auf ihre Hände, die noch immer den Griff fest in der Hand hatten. Sie fühlte nach ihrer Zunge. Sie lag in ihrem Mund, ein gelähmter Wurm, genauso hilflos wie sie.

„Bring mich nach Hause.“ Jede Bewegung ihres Mundes fühlte sich fremd an und klein. Ein sterbender Fisch in seinen letzten Zuckungen. „Bitte.“ Ein letztes Mal rollte die Zunge schwer zwischen ihren Zähnen herum. Klickte an die Gaumendecke. Jede Muskelspannung war zu spüren. Sie konnte sich nicht vorstellen, dass sie je wieder ein Wort sagen konnte.

„Mach das doch nicht kaputt! Warum machst du das!“ Sie hörte, wie der Wagen aufheulte, wie Hupen zu ihnen drang, gedämpft von dem Blech und dem Glas um sie herum. „Hier! Ich bin hier!“, schrie es in ihrem Kopf. „Könnt ihr mich nicht sehen?“

„Warum fahr ich uns nicht einfach gegen die Wand?" Er lachte. Schrill. Aber sie konnte auch die Tränen hören. Seine Stimme war anders. Es war ja nicht so, dass er vorher nie geweint hätte. Gerade in den letzten Wochen hatte sie sie oft gesehen, wie sie langsam in seinen Augen hochstieg, eine schmale Wand aus Wasser auf dem Lidrand, bis sie schließlich zu schwer wurde, ihre gespannte Oberfläche zerriss und sie hinabstürzte.

„Es ist doch jetzt eh alles egal!"

Sie schloss die Augen. Ja, vielleicht hatte er recht, vielleicht war jetzt eh alles egal. Ihre Beine zogen sich noch weiter nach oben, ein Schneckenkörper, der sein Haus sucht. Draußen hupte es wieder. Reifen quietschten, der Gurt riss an ihr. Nochmals hupte es. Diesmal ganz nah, das Geräusch stieß ihr in die Ohren. „Ja, verpiss dich doch!", schrie er. „Sie hören dich doch nicht", dachte sie. „Es hört uns doch keiner." Dann drückte es sie wieder in die schweren Ledersitze. Der Motor heulte, als mache ihm das Ganze Spaß. Er mochte Formel Eins.

„Glaubst du etwa, ich mach' das nicht, oder was?"

Sie drückte ihre Stirn an das Leder an der Tür. „Doch, ich glaube dir. Ich glaube dir alles. Alles glaube ich dir. Jedes Wort", dachte sie. Der Geruch nach neuem Auto war für einen Moment so stark, dass sie sich beinahe übergeben musste. Sie sah die Übelkeit wie eine kleine grüne Flamme, die irgendwo in ihrer Brust tanzte, nervös und aufgebracht. Sie rollte all ihre Gedanken darum, hüllte das Flämmchen in Dunkelheit, es gab nur noch das Flämmchen und ihren Körper irgendwo da draußen, und sie war nichts weiter als die Stille, die das flackernde Grün umschloss.

Ihre Stirn schmerzte von dem Rückschlag auf den Türrahmen. Sie wartete auf die Glassplitter, die auf sie einprasselten, das Kreischen von Metall. Aber da war nur das Tschilpen von Spatzen. Sie machte die Augen auf und sah sie in der Ecke des Kirchplatzes ein Sandbad nehmen. Sie hüpften hinein und hinaus, flatterten auf dem Fleckchen getrockneter Erde, das der letzte starke Regen dort zurückgelassen hatte. Nacheinander drückten sie ihre kleinen Körper auf den Boden, zappelten mit ihren Flügelchen, als wollten sie die Welt unter sich umarmen, um nach ein paar Sekunden wieder emporzuschießen, in das gleißende Sonnenlicht hinein.

„Verpiss dich!"

Das Klicken des Türschlosses kam ihr seltsam laut vor. Sie schob die Tür ein Stück auf und wartete. Aber es passierte nichts. Sie drückte weiter gegen das Gewicht und ließ ihre Beine rausrutschen, bis sie auf Boden trafen. Sie gingen über das Kopfsteinpflaster trugen sie über das winzige Geflecht aus Gräben, das zwischen den grauen Steinen lag. Sie sah es, wie sie da gingen, die Stoffturnschuhe an den Füßen, die sie morgens zugeknotet hatte. Aber trotzdem war es, als wären es nicht ihre Beine. Als wären es Stöcke, die ihr jemand statt ihrer alten Beine an den Körper gebunden hätte.

Etwas traf sie am Kopf und plumpste zu Boden. Ihre Tasche. Die bunten Wolltroddeln, die sie an den Reißverschluss geknotet hatte, eine gelb und eine pink, leuchteten seltsam grell. Als würden sie schreien. Es waren Neonfarben. Das war ihr nie vorher aufgefallen.

„Ich hoffe, ich seh' dich Dreckstück nie wieder!"

Sie kniete sich hin und griff nach der Tasche, die weich und schlaff auf den sonnenwarmen Steinen lag. Es fiel ihren Händen seltsam schwer, den Stoff richtig zu fassen. Als hätten sie es nicht richtig geübt, Dinge zu umschließen, und jetzt fehlte ihnen die Kraft und die Geschicklichkeit.

Sie sah die Spatzen auffliegen, als der Wagen vom Parkplatz kreischte. Sie stoben auseinander, in das Blau hinein und verschwanden irgendwo zwischen den alten Häusern.

„'nen Schnaps?" Sie roch die würzige Schärfe. Das Glas, das ihr die Kellnerin von der Eckkneipe hinhielt, war randvoll. Sie nahm das Glas und trank es in einem Zug. „Ein Scheiß, das mit der Liebe", sagte die Frau und nahm das leere Glas wieder an sich. Ihre Hände waren rot und schwer. Wenn sie abends manchmal nach der Disko bei ihr in der Kneipe ein letztes Glas tranken, hatten die Hände ganz anders ausgesehen. Das musste wohl das Licht sein, dieses helle, helle Sonnenlicht.

„Hmmmm", machte sie. Mehr kam ihr nicht aus dem Mund. Ihr Hals brannte vom Schnaps. Auch das „Hmmm" kratzte schmerzhaft in ihrer Kehle und blieb dünn und schwach.

„Wenn du noch einen brauchst, dann kommste rein, ne?" Die Kellnerin stemmte sich ächzend hoch, ging wieder über die Steine, die rund und glatt waren wie eingegrabene Schädel, und verschwand in der Türöffnung der Kneipe. Für einen Moment konnte sie den Spielautomaten aufblitzen sehen, er leuchtete, eine Sonne in der Dunkelheit.

Weiterlesen

Ruth Herzberg: Wie man mit einem Mann unglücklich wird. Roman

Eine Liebesgeschichte voller Leidenschaft, Obsession, Hingabe, Lust, Wut. Über das Begehren in all seiner Totalität. Einen Traum, in den man sich verbeißt. Ein radikal offen daliegendes Herz.

„Ich konnte nicht aufhören, dieser verkorksten Beziehung zweier Großstadt-Betonpflanzen bis zum bittersüßen Ende zu folgen."
Annett Gröschner

„Es war gigantisch, wie immer bei Ruth."
Ronja von Rönne

„Jane Austen meets Henry Miller – aber in den Zeiten von TikTok und Huawei. Ruth Herzberg hat einer nur vordergründig coolen Generation ins Herz getroffen."
Joachim Lottmann

www.mikrotext.de
facebook.com/mikrotext
twitter/mkrtxt
instagram.com/mikrotext

1. Auflage 2021

Coverfoto: Luca Iaconelli, unsplash
Cover: Inga Israel
Satz: Sarah Käsmayr
Schriften: Zenon, Minion
Druck und Bindung: Kopa, Kaunas

Printed in Lithuania

ISBN 978-3-948631-08-6